LIUDONG RENKOU,
XINGBIE JIEGOU
YU CHANYE FAZHAN

流动人口、性别结构与产业发展

杜 薇◎著

中国财经出版传媒集团

经济科学出版社
Economic Science Press

图书在版编目（CIP）数据

流动人口、性别结构与产业发展 /杜薇著 . -- 北京：
经济科学出版社，2023.8
ISBN 978 - 7 - 5218 - 5025 - 3

Ⅰ.①流…　Ⅱ.①杜…　Ⅲ.①流动人口 - 关系 - 产业
发展 - 研究 - 中国 ②性别差异 - 关系 - 产业发展 - 研究 -
中国　Ⅳ.①F269.2 ②C924.24 ③B844

中国国家版本馆 CIP 数据核字（2023）第 151660 号

责任编辑：白留杰　凌　敏
责任校对：王肖楠
责任印制：张佳裕

流动人口、性别结构与产业发展

杜　薇　著

经济科学出版社出版、发行　新华书店经销
社址：北京市海淀区阜成路甲 28 号　邮编：100142
教材分社电话：010 - 88191309　发行部电话：010 - 88191522
网址：www. esp. com. cn
电子邮箱：bailiujie518@ 126. com
天猫网店：经济科学出版社旗舰店
网址：http://jjkxcbs. tmall. com
北京密兴印刷有限公司印装
710×1000　16 开　9.5 印张　150000 字
2023 年 8 月第 1 版　2023 年 8 月第 1 次印刷
ISBN 978 - 7 - 5218 - 5025 - 3　定价：46. 00 元
（图书出现印装问题，本社负责调换。电话：010 - 88191545）
（版权所有　侵权必究　打击盗版　举报热线：010 - 88191661
QQ：2242791300　营销中心电话：010 - 88191537
电子邮箱：dbts@ esp. com. cn）

前　　言

　　改革开放以来，随着我国经济总量的飞速提升，东中西部产业结构、经济差距愈发明显。经济利差是人口流动的主要原因，受益于国家政策和区位优势，东部地区率先发展，人口随之大规模迁入，围绕环渤海、长三角、珠三角地区形成了区域化集聚。劳动力跨地区流动不仅影响流入地和流出地劳动力供给总量，还通过改变两地区劳动力供给结构（如劳动力性别结构、年龄结构以及技能结构），影响产业结构乃至经济发展。随着人口老龄化、"民工荒"等问题日益严重，如何利用有限的劳动力供给提升当地产业发展一直都是学界关注的焦点问题，但从流动人口的视角对劳动力性别结构与产业发展之间的关系进行解释的研究支撑尚不足。

　　党的十九大报告明确指出，促进生育政策和相关经济社会政策配套衔接，加强人口发展战略研究。党的二十大报告进一步强调要优化人口发展战略。流动人口的合理配置将在产业升级中发挥重要作用，不应让城镇化和人口自由流动成为性别失衡的"助推器"，认识并重视性别结构变化对地区产业发展的影响具有重要政策价值。深入研究劳动力流动、性别结构与产业发展的内在联系，系统分析区域间产业结构升级路径的影响，对于如何引导劳动力转移，实现资源优化，减缓性别失衡问题、推进区域经济协调发展，加快中西部产业承接具有重要现实意义。

　　因此，本书通过梳理已有文献，在城市模型和税收竞争模型的理论模型基础上构建"劳动力转移—区域性别结构变动—产业结构升级或转型"的理论模型，并在理论模型基础上提出假设，对中国省级面板数据进行分析，从引导流动人口政策视角提出适用于中国的产业转型道路。本书各项统计数据均未包括香港特别行政区、澳门特别行政区和台湾地区。

本书的研究框架如下：

第一章，引言。简要介绍选题背景和研究意义，概述研究思路和主要内容。

第二章，文献综述。对产业结构升级、性别结构以及劳动力转移的相关文献成果进行梳理，为进一步分析三者间的影响关系作好理论铺垫。

第三章，典型事实分析与理论模型构建。首先，对中国区域间劳动力流动、性别结构以及产业结构变化的发展趋势进行对比分析，找出三者在实际经济发展中的关联及演变特征；其次，基于现有文献的研究基础以及典型事实的分析结果，分析劳动力流动与产业结构升级之间、性别结构与产业结构升级之间的影响机制，建立理论模型；最后，构建了包含劳动力性别结构的城市模型，分析了性别结构对产业结构升级的影响。

第四章，流动人口对行业性别结构的影响研究。首先，基于省际面板数据构建普通面板模型进行静态回归分析；其次，对流动人口影响劳动力市场性别结构进行动态模型回归；最后，针对流动人口的空间效应构建空间杜宾模型，对流动人口引发的劳动力市场性别结构进行空间模型检验，从而客观评价流动人口对区域性别结构的影响。

第五章，各行业性别结构对经济发展的影响研究。通过省际静态面板、动态面板以及空间面板模型对数据进行分析，并进一步探讨性别结构在 11 个行业中产生的影响，结合第四部分流动人口对各行业性别结构的冲击，分析中国流动人口对区域的不平衡冲击所造成的长期影响和未来可能的发展趋势。

第六章，劳动力转移、人才竞争与产业发展的关系研究。本章在 ZMW 模型的基础上分析区域人才竞争机制，构建劳动力在区域间转移、影响地区产业发展的逻辑链条；进而在该理论模型的基础上构建门限模型，对中国省际面板数据进行回归检验。

第七章，研究结论、政策建议与展望。概述了理论分析和实证结果，全面总结本书的研究结论，并提出促进产业转型升级、优化全国产业布局和促进区域协调发展的政策建议，最后针对本书研究尚未解决的一些问题，指出进一步研究的方向。

本书的主要结论如下：

第一，近年来，流动人口向中西部回迁趋势明显。流动人口总量密集的地区多集中于城镇化率大幅提升的区域。中国流动人口性别构成存在胡焕庸线的特征，胡焕庸线以西，流动人口中男性占比较高；胡焕庸线以东，男性占比较低。不同性别的流动人口，对于迁移目的地的选择具有东西分离的空间集聚特征。

第二，流动人口对劳动力市场的影响存在明显的行业差异。相较于出生人口和死亡人口，流动人口对地区性别结构的影响更为明显。流动人口对行业的选择具有明显的性别特征。流动人口促进了第一、第二产业以及交通运输业、住宿餐饮业中男性占比的增加，促进了大部分第三产业女性就业的增加。工资成为大多数行业劳动力市场供求的风向标，工资变动是流动人口迁移的主要动力。但值得注意的是，不同行业工资的升高对两性劳动力释放了不同信号，制造业、交通运输业、住宿餐饮业以及信息技术服务业的工资升高，相对吸引更多男性劳动力供给；但在金融业和房地产业中，工资升高将促使女性劳动力供给提高。地区城镇化水平、产业结构成熟度以及人口抚养比等经济环境因素对男女劳动力的影响在短期并不显著，但长期具有明显的影响。

第三，考虑了空间因素后，城镇化水平上升对提高本地区女性劳动力占比的促进作用，要显著于对男性的引致作用。而产业成熟度的提高会降低第一、第二产业的男性劳动力占比，增加金融业中男性劳动力供给。人口抚养比增加，促使男性流动人口向第二产业集聚。进而说明经济环境对男女劳动力的差异也导致了不同行业劳动力市场性别结构的平衡水平。

第四，从行业来看，在第一、第二产业中，男性占比升高有助于提高当地经济。第三产业中一味增加男性占比，并不能对当地经济起到有效支撑，甚至还会因为劳动市场的不匹配对经济起到负面作用。从本书现有验证来看，中国现阶段流动人口对大部分行业都起到了积极影响，但在交通运输业与住宿餐饮业等服务业中，流动人口并未能给流入地形成有效劳动供给。

第五，各地区固定资本投入、人均工资以及人口规模都对经济发展起到了显著的支持作用，但也发现一些行业存在资本配置不足、劳动力冗余、生产效率低下的问题，如第一产业、采矿业和电力等供应业。人口的流动不仅影响迁入地，还会影响迁出地的人才储备，部分行业（金融业、住宿餐饮业和房地产业）存在人才抢夺的现象，随着人口迁入，经济总效应呈现负向作用。

本书的创新之处在于从劳动力转移视角，构建区域性别结构影响产业结构升级的模型，从理论结合实证的角度分析了流动人口、性别结构和产业结构三者之间的影响，并深入分析劳动力流动、区域经济集聚以及产业结构变动的外部性效应，具有重要的理论意义和政策含义。研究结论有利于引导劳动力转移，合理配置资源，促进产业转型升级，有助于采取针对性措施促进劳动力的合理配置、区域的协调发展和产业结构的合理优化。

杜 薇

2023 年 7 月

目 录

录

Contents

>   >   >   >   >   >

第一章 引言 ·· 1

  一、研究背景与意义 ·· 1

  二、研究框架 ·· 4

  三、研究方法 ·· 6

第二章 文献综述 ·· 9

  一、产业结构升级的规律与逻辑 ································· 9

  二、性别结构的经济传导机制 ································· 16

  三、劳动力转移对产业结构的影响 ····························· 22

  四、本章小结 ·· 27

第三章 典型事实分析与理论模型构建 ························· 28

  一、人口迁移的省际特征差异 ································· 28

  二、理论模型构建 ·· 41

  三、本章小结 ·· 45

第四章 流动人口对行业性别结构的影响研究 ··················· 46

  一、流动人口影响行业性别结构的静态面板分析 ··········· 46

二、流动人口影响行业性别结构的动态面板分析 ………… 55

三、分行业流动人口影响地区性别比例的空间效应分析 ………… 56

四、本章小结 ………………………………………… 71

第五章　各行业性别结构对经济发展的影响研究 ………… 75

一、性别结构影响经济发展的静态面板分析 ………… 75

二、性别结构影响经济发展的动态面板分析 ………… 83

三、分行业地区性别结构对产业结构的空间效应分析 ………… 86

四、本章小结 ………………………………………… 94

第六章　劳动力转移、人才竞争与产业发展的关系研究 ………… 96

一、理论模型构建与分析 …………………………… 97

二、门限模型实证检验 ……………………………… 104

三、本章小结 ………………………………………… 116

第七章　研究结论、政策建议与展望 ………………… 118

一、结论与政策建议 ………………………………… 118

二、问题与展望 ……………………………………… 123

附录 …………………………………………………… 124

参考文献 ……………………………………………… 128

第一章 引　　言

一、研究背景与意义

改革开放以来，为快速推进城市化，中国人口迁移出现"孔雀东南飞"的现象，但随着东南部产业转型升级，中西部地区产业承接以及人口老龄化等多种问题，人口迁移路径向中西部回流，同时出现"民工荒"等问题。党的十九大报告明确指出，促进生育政策和相关经济社会政策配套衔接，加强人口发展战略研究。党的二十大报告进一步强调要优化人口发展战略。在这种情况下，流动人口的合理配置将在产业升级中发挥重要作用。根据《中国流动人口发展报告》，近年来中国流动人口从 2011 年的 2.3 亿人增加至 2014 年的 2.53 亿人，2015 年后持续小幅下降，之后上涨至 2023 年的 2.47 亿人，该总量占人口总数的 18%，即每六个人中就有一个人是流动人口。流动人口不仅影响了流出地和流入地的劳动力供给总量，也影响了两个区域的男女比例，造成两个地区的性别结构失衡加剧或者缓和。

同时，自"计划生育"政策实施开始，政策初期在一定程度上促进了经济的发展，但也扭曲了中国代内人口结构，加剧了性别比例失衡，该结果滋生了众多社会问题和经济问题，如性别结构对婚姻市场造成挤压效应；人口结构变化对经济的影响。

图 1-1 描述了 2015 年各行业城镇单位女性的就业份额。结果表明，女性就业多集中于批发、住宿、金融、教育以及卫生等第三产业，且中国中部地区女性就业比例较高。为进一步分析女性就业比例在不同地区的明显差异，进一步细分至国有单位和集体单位中女性的就业占比，结果表明，集体单位

中女性的就业分布显著多于国有单位，且中国北部地区集体单位女性就业占比高于南部地区。从中国城镇单位女性就业分布可以看出，女性就业存在产业、区域以及单位性质的明显差异。

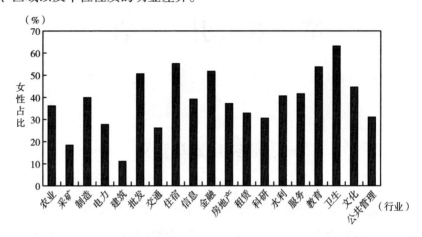

图 1 - 1　2015 年各行业城镇单位女性就业人员占比

资料来源：根据 2016 年中国劳动统计年鉴数据整理绘制，http：//www. mohrss. gov. cn/2016/in-dexch. htm；2017 - 7 - 16.

　　流动人口的转移将加速或减弱地区间的性别结构差异。分析其原因可能是，性别不同是影响产出质量的重要因素，一些对耐心有较高要求的部门可能希望招募更多的女性劳动力；而对体力有较高要求的部门则可能偏好男性劳动力。当一个地区产业所招募的男性或者女性不足时，则可能导致竞争力的下降。在该机制下，当流动人口中性别结构能够对流入地产业进行匹配，流动人口的流向则有可能促进一个地区产业有效竞争力的提升；而当流动人口的性别结构无法匹配当地产业时，会造成该地区产业竞争力的变化，从而发生产业优势的调整。

　　产业结构升级是指产业结构从较低级的形式向较高级的形式转变，是生产要素不断优化配置的过程，即产业结构高度化，第三产业的占比衡量了产业结构高度化的程度。产业结构升级是经济发展的重要动力，钱纳里（Hollis B. Chenery，1975）指出，结构型增长是发展的核心问题，经济结构转变的增长效应解释了整体 20% 左右的经济平均增长率。改革开放以来，中国经济从出现二元化的趋势到东西部产业分布、经济差距越来越明显。各省际间的要素禀赋、技术差距和产业分工产生了很大的差距。受益于国家政策，中国东部沿海地区第三产业占比明显高于中西部地区，且围绕环渤海、长三角、珠三角形成经济集聚区域。2002 年之前，东部、中部、西部地区产业结构高级化趋势基本趋同，但 2002～2012 年，区域间产业结构变化趋势产生变化，东部地区产业结构服务化水平不断上升，而中西部地区呈现加速工业化趋势；2012 年之后中西部地区工业化趋势逐渐降低，服务业占比逐渐上升。

在产业结构变化的同时，人口向东部地区流入规模不断扩大，流动人口的性别结构不仅影响流入地，也影响流出地性别结构。该过程不仅造成东部地区人口集聚，也造成东中西三个区域的人口结构变化，进而从劳动数量和劳动结构上对中国产业结构调整及升级产生影响。随着生产要素不断向东部集聚，东部产业结构也随之上升，东中西三部呈现"梯度"产业发展格局。一方面，东部沿海地区服务业高度发展，服务业吸收男女劳动力的比重存在差异，流动人口涌入有可能提高也有可能降低该区域劳动力的供给结构（劳动力性别结构、年龄结构以及技能结构的差异），从而影响东部经济发展；另一方面，中西部地区承接东部产业转移，形成新的产业优势，但由于经济向东部集聚，劳动力大量涌出，同时也影响流出地的经济发展，减缓产业转移。现今关于产业结构演变的理论，针对不同发展阶段国家产业结构变迁的差异化过程给出了解释，但无法很好地从国家内部解释区域间经济发展的差异以及劳动力转移造成的区域间竞争优势和劳动力年龄、性别结构的多元化对产业结构变化产生的影响。

近年来，人口迁流已经成为中国人口变动的重要因素。从 1949 年后中国人口出生率、死亡率和自然增长率的变化轨迹，可以大致把中国人口变动分为三个阶段：第一阶段是新中国成立初期到 20 世纪 70 年代，此时死亡率为影响人口变动的主要因素；第二阶段是 70～90 年代，出生率为主导因素；第三阶段是 90 年代至今，人口死亡率相对稳定，出生率持续下降，二者均处于较低水平，人口向北京、上海、广州、深圳等一线城市迁移，常住口人呈现快速增长的态势，相应的许多地区呈现"外流型"人口负增长，这个时期人口转移成为中国人口变动的主要因素。2014 年，仅跨省流动的农民工数量就高达 7867 万人，较 2013 年增加 129 万人。城镇化和人口转移成为性别结构的"助推器"。出生性别比高的地区并不代表当地就会承担性别结构造成的后果，其后果可能由其他经济欠发达地区承担；出生性别比相对低的地方反而可能会承担性别结构后果，与经济发展水平有关。性别结构的变化也在一定程度上影响了地区产业发展，不同产业在质量、数量以及结构上，能够吸收的劳动力存在差异，而性别结构的差异会进一步影响当地的有效劳动力供给，尤其是随着流动人口总数的上升以及户籍改革，自由流动的范围进一步扩大，流出地和流入地两个地方的劳动力性别结构将受到明显冲击。因此，深入研究劳动力流动、性别结构与产业结构升级的内在联系，系统分析区域间产业结构升级路径的影响，对于如何引导劳动力转移，实现资源优化配置，并且减缓中国性别失衡问题、推进区域经济协调发展，加快中西部产业承接具有重要参考意义。

本书将尝试构建"劳动力转移—区域性别结构变动—产业结构升级或转型"的逻辑链条，从理论结合实证的角度分析流动人口和产业结构之间的影响，以及流动人口对性别结构、性别结构对产业结构转型的影响，并深入分析劳动力流动、区域经济集聚以及产业结构变动的外部性效应，具有重要的理论意义和实践价值。研究结论有利于引导劳动力转移，合理配置资源，促进产业转型升级，有助于采取针对性措施促进劳动力的合理配置、区域的协调发展和产业结构的合理优化。

二、研究框架

（一）研究目的和思路

针对中国劳动力大规模转移、性别失衡问题逐渐凸显以及各省际区域产业差异的现状，讨论性别结构变化对产业转型的影响，并从流动人口的角度分析流出地和流入地性别结构在产业结构转型中的作用，以及流动人口在产业结构升级中所发挥的作用。深入分析劳动力转移、劳动力结构以及产业结构的内在联系和影响机制，据此解释中国区域间产业结构升级差异现象，并对未来的劳动力转移和性别失衡的趋势进行定性分析。

本书基于产业结构发展以及流动人口大规模迁移的现实，从产业结构升级理论出发，以劳动力转移解析区域间劳动力性别组成变化以及产业结构变化的影响机制，并构建理论模型。进而分别实证检验性别结构对产业结构升级、劳动力流动与地区性别结构以及劳动力流动与产业结构升级之间的联系，劳动力流动引致性别结构变动对流出地和流入地产业转型的影响机制，以及劳动力流入对产业结构升级的影响机制，从而厘清"劳动力流动－性别结构变动－产业结构转型"之间的逻辑链条。本书研究成果可以为中国区域间经济结构升级差异化现象提供一种新的解释，并进一步判断未来中国区域产业结构升级、经济布局和劳动力流动、性别失衡的趋势。

（二）研究内容

本书的讨论核心并不是性别结构对社会方面的影响，而是针对流动人口对产业转型、流动人口引致的性别结构变动对产业转移造成的经济影响，给出理论解释和实证检验。本书结构安排如下：

第一章，引言。

第二章，文献综述，系统梳理了产业结构、性别结构的外部影响以及劳动力转移相关文献成果。

第三章，典型事实分析与理论模型构建。基于目前文献的研究基础以及典型事实分析结果，建立本书理论模型。

第四章，流动人口对行业性别结构的影响研究。结合省际数据构建省际面板模型，并通过构建空间杜宾模型检验流动人口的空间效，从而客观评价流动人口对区域性别结构的影响。

第五章，各行业性别结构对经济发展的影响研究。通过静态面板模型、动态面板模型以及空间面板模型对数据进行检验，进一步探讨性别结构对行业发展产生的影响。

第六章，劳动力转移、人才竞争与产业发展的关系研究。本章在 ZMW 模型的基础上分析区域人才竞争机制，并在该理论模型的基础上构建门限模型，对面板数据进行回归检验。

第七章，研究结论、政策建议与展望。概述了理论分析和实证结果，全面总结本书的研究结论，并提出促进产业转型升级、优化全国产业布局和促进区域协调化发展的政策建议，最后针对本书对研究尚未解决的一些问题，指出进一步研究的方向。

图1-2列示了本书的研究框架。

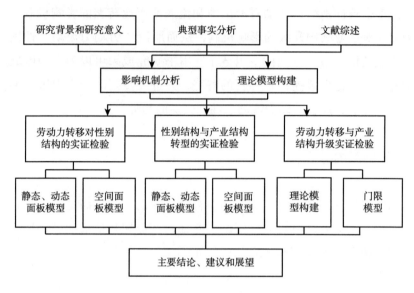

图1-2 研究框架

三、研究方法

（一）文献分析

通过对已有文献进行搜集、归纳以及整理等前期工作，形成对所研究问题的客观认识，并对离散的文献进行归纳分析。科学归纳法指根据事物中某些个别具有或不具有某种属性，并且已知该种属性与个别事物所属类和必然属性有必然联系，从而得出该类具有或不具有该种属性的方法。在鉴别分析并归纳整理相关文献基础上，清晰勾勒出劳动力转移、性别结构与产业结构之间从理论到现实等的逻辑机制。

（二）理论分析与静态面板分析、动态面板分析以及空间计量

本书依据统计数据，建立了理论模型，并用数学模型描述所研究对象的各项指标及其数值。本书的理论研究把性别结构纳入标准的城市模型之中，构建性别结构和产业发展的理论模型，分析性别结构对产业转型的影响。并且从影响劳动力流动的因素出发，把劳动力流动的成本作为劳动力税，通过干预劳动力税影响劳动力流动的分配结果；在 ZMW 模型①的基础上，对劳动力在不同区域间的要素流动进行分析，比较资本对称和不对称情况下劳动力流动的方向和福利分析；并对模型进行了扩展，对多区域不对称情况下劳动力的转移对产业结构的影响进行了分析。结合模型提出假设，为下一步实证研究提供理论基础。

在理论的基础上，对国家统计局、中国劳动统计年鉴、中国城市统计年鉴、全国暂住人口统计资料汇编、分县市人口统计资料以及流动人口报告公布的数据进行整理，并利用静态面板模型、动态面板模型、空间杜宾模型以及门限模型对中国省级面板数据进行分析，从引导流动人口政策视角提出中国应该走的产业转型道路。

（三）规范分析与实证分析

规范分析是指以一定的价值判断为基础，提出某些处理分析经济问题的标准，树立经济理论的前提，即本书分析的性别结构对产业调整的影响"应该是什么"的问题，探究标准的实现问题；实证分析是指超越一切价值判断，从某个可以证实的前提出发，来分析问题的是非标准，回答的是性别结构对产业调整"是什么"的问题，分析问题具有客观性，得出的结论通过经验事实进行验证。

---

① 佐德罗 - 米耶史考斯基 - 威尔森 [Zodrow, Mieszkowski and Wilson（ZMW），1986] 模型为大部分税收竞争模型提供了理论基础，该模型描述了在多地区劳动力数量不变情况下，资本配置的情况，在征税的情况下均衡时，小国的人均福利会改善。

本书采取的技术路线如图 1 - 3 所示。

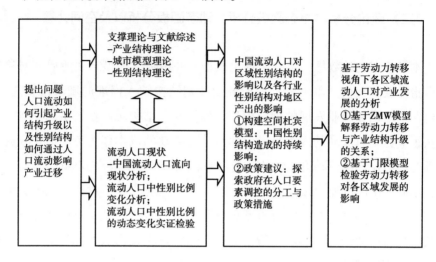

图 1 - 3　技术路线

　　虽然对于劳动力要素的流动，学界已有研究，分别从人才流动的整体福利分析影响、人才集聚分布以及政府干预机制对劳动力流动的福利方面进行了分析。但他们的模型并没有聚焦在劳动力流动和产业结构升级的理论逻辑上，且关于性别结构影响生产效率以及产业结构转型的文献支撑明显不足。

　　本书的主要创新之处在于：一是把性别结构的因素纳入城市模型之中，研究性别结构对企业生产效率、区域产业结构的影响，从而为分析流动人口引致的经济问题提供了新的思考。二是构建了劳动力流动引致性别结构变动，劳动力流动促使产业转型，性别结构影响产业转型三者的影响机制，并构建实证模型检验三者之间的影响关系，提升了理论逻辑的可靠性。三是从劳动力流动的视角，在 ZMW 模型的基础上构建区域人才竞争机制，构建"经济集聚—劳动力转移—产业结构升级"的逻辑链条，从而为解释地区非均衡发展进程中，地区间产业结构升级的差异提供了一个新的角度。

第二章 文献综述

劳动力流动、产业结构升级一直是学术界关注的热点话题，同时，随着近几年性别失衡成为社会热点，三者之间的关系也引发了学者关注。因此本部分对相关研究成果进行梳理和总结有利于把握基本的研究逻辑并发现三者之间的内在联系。本章首先对产业结构升级的基本概念、规律和内在机理进行阐述；其次对性别失衡的外部效应及其影响的相关文献进行评述；最后综述了劳动力转移和产业发展的关系，总结劳动力流动对性别结构与产业结构升级影响以及性别结构对产业转型影响的研究基础。

一、产业结构升级的规律与逻辑

（一）分流派产业结构理论的思想框架

产业结构是指不同产业之间存在的比例关系。产业结构的升级变化具有一定的规律性，一般表现为产业重心不断地由产业链低端向高端变动，向产业结构的高度化、合理化发展。产业结构理论阐述了产业结构演变的一般规律，产业结构由第一产业向第二、第三产业转移的规律已经被广泛接受和验证。"产业"的概念最早出自马歇尔1890年出版的《经济学原理》，用于分析垄断与竞争问题的基本分析单元，即市场组织结构。而围绕"产业"的理论研究成果众多，已形成了产业经济学这一门独立的经济学分支。产业结构理论作为产业经济学的重要组成部分，可以时间脉络为主线把学者对产业结构理论不断深入探析的过程分为三个部分，即产业结构理论思想萌芽阶段、产业结构自发演进理论以及产业结构调整理论（见表2-1）。

表 2 - 1 　　　　　　　　　　　产业结构升级理论演化

	思想渊源	代表人物	代表著作	主要思想
产业结构理论的思想来源	重农学派	弗朗斯瓦·魁奈	《经济表》（1758）、《经济表分析》（1766）	魁奈认为农产品才能生存纯产品，其他经济部门则不生产纯产品。通过"纯产品"学说把社会阶级结构分为生产阶级、土地所有者阶级以及不生产阶级，研究了社会总资本的再生产和流通
	古典经济学	威廉·配第、亚当·斯密、大卫·李嘉图	《政治算术》（1672）、《国富论》（1776）、《政治经济学及赋税原理》（1817）	《政治算术》中指出产业间相对收益的差异会导致劳动力的自发转移，从低收入行业向高收入行业转移，即配第定理。斯密在国富论中论述了产业部门对发展，李嘉图的比较优势理论也对区域资源配置进行了分析
产业结构自发演进理论	新古典主义经济学	R. A. 费歇尔、科林·克拉克	《安全与进步的冲突》（1935）"三次产业"的划分、配第-克拉克定理《经济发展条件》（1940）	费歇尔将国民经济部门分为三次产业，克拉克在配第、费歇尔理论的基础上全面概括了产业结构演变和经济发展的内在联系，揭示了劳动力在三次产业间转移的规律
	发展经济学	赤松要、西蒙·库兹涅茨、霍夫曼、霍利斯·钱纳里、华西里·里昂惕夫	"理论"（1932）、《国民收入及其构成》（1941）、《各国的经济增长》（1971）、《工业化阶段和类型》（1931）、《发展的形式：1950～1970》（1975）、《1919～1929年美国经济结构》《美国经济结构研究》（1953）、《投入产出经济》（1966）	赤松要1932年提出产业发展岛"理论"认为日本的产业呈现阶段性的周期性循环；库兹涅茨法则；霍夫曼比例；钱纳里"标准结构"；里昂惕夫研究了经济增长与产业结构之间的关系
产业结构调整理论	发展经济学下产业结构调整理论	阿瑟·刘易斯、阿尔伯特·赫希曼、华尔特·罗斯托、钱纳里、威廉姆·鲍穆尔	《劳动无限供给条件下的经济发展》（1954）、《经济发展战略》（1958）、《经济增长进程》（1953）、《经济成长的阶段》（1960）	"二元结构理论""平衡增长理论"与"非均衡经济增长理论""二元经济结构特征"

产业结构理论思想萌芽于重农学派和古典经济学派，配第在《政治算术》（1672）中通过分析英国、法国和荷兰的就业结构，认为不同国家收入水平的差距来源于国家间产业结构的差异，指出产业间相对收益的差异会导致劳动力的自发转移，从低收入行业向高收入行业转移，即配第定理。重农学派创始人魁奈在《经济表》（1758）和《经济表分析》（1766）中指出，只有农产品才能生产纯产品，即只有农产品才具有剩余价值，剩余价值来源于生产部门而不是流通部门，其他经济部门则不生产纯产品。通过"纯产品"学说把社会阶级结构分为生产阶级、土地所有者阶级以及不生产阶级，研究了社会总资本的再生产和流通。斯密和李嘉图则分别通过绝对优势和比较优势理论对国别资源配置进行了分析，该理论是产业结构自发进行升级规律的理论基础，有效刻画了产业结构理论的第二个阶段，即产业结构自发升级过程。

（二）产业结构自发升级理论

关于产业结构是自发进行升级的过程的理论集中于早期新古典主义经济学和发展经济学流派。费歇尔在《安全与进步的冲突》（1935）一书中，认为人类经济活动的发展可分为三个阶段，即初级阶段、工业革命大机器生产阶段以及大量的资本和劳动力流入非物质生产部门的阶段；对应三个阶段把处于各阶段的产业分类为三大产业。克拉克在配第、费歇尔理论的基础上全面概括了产业结构演变和经济发展的内在联系，揭示了劳动力在三次产业间转移的规律，被称为配第–克拉克定理。克拉克在《经济发展条件》中指出产业结构的本质是对资源的重新配置，从需求和效率的角度，和第二、第三产业相比，第一产业的要素生产效率较低且随着生产的扩大，消费者对第一产业的产品需求逐渐降低。因此，随着经济的发展，资源将逐渐从第一产业向第二、第三产业转移，且资源向第二产业转移呈现先升后降的趋势，而第三产业中劳动力就业比重会不断上升。第二次世界大战以后，发展中国家的经济发展成为各国关注的焦点，发展经济学流派应运而生。产业结构的变动问题作为发展经济学的重要组成部分，得到了发展经济学学者的青睐。

在克拉克的研究成果之上，著名经济学家库兹涅茨、霍夫曼、钱纳里以及里昂惕夫对产业结构理论的演进规律进行了扩充分析。库兹涅茨（1971）

通过分析57个国家的数据，从资源配置和国民收入在三次产业的分配两方面着手，发现三大产业呈现结构性演进规律，得到"库兹涅茨法则"，即第一产业的收入和劳动力占总体的比重都呈持续下降趋势；第二产业对国民收入的贡献逐步上升，但就业比重浮动较小；第三产业吸纳就业的能力以及对国民收入的贡献稳步上升。之后，钱纳里和塞尔奎茵（1975）对钱纳里的"标准结构"（1960）进行了完善，通过101个国家1950～1970年二十年间经济数据，总结出经济结构的"标准模型"，即从"一二三"向"三二一"变化的标准产业模式，再次证实了配第－克拉克定理，认为经济发展到一定阶段，第三产业的产值和就业比重将不断提升。其创新之处在于首次提出"标准结构"作为参照标准，认为产业结构变化分为三阶段动态发展模型，分别是初级产品生产阶段、工业化阶段（1970年400美元）以及发达阶段（4000美元），衡量了一国所处经济阶段的经济结构状况。德国经济学家霍夫曼（1931）在《工业化阶段和类型》中也通过搜集20个国家的数据，研究了工业化过程中的产业结构变动规律，分析了制造业中消费资料和资本资料工业的净产值比率，即"霍夫曼比例"，但该理论由于从工业内部结构分析工业化过程的理论缺陷，并未能引起学界广泛的认可。里昂惕夫在其著作《1919～1929年美国经济结构》（1941）的基础上深入研究，在《美国经济结构研究》（1953）和《投入产出经济学》（1966）中对美国经济结构与经济增长的关系进行了深入系统的分析，通过投入产出分析法对美国贸易结构提出了"里昂惕夫反问"。

20世纪中叶，日本学者也对国际产业分工中的产业结构转移升级进行了理论探析。日本经济学家赤松要（Kaname Akamatsu, 1932）提出"雁行产业发展动态论"（简称"雁行理论"），论述了国际化背景下发展中国家产业结构升级的动态路径。之后日本学者山泽逸平、小岛清对"雁行理论"进行扩充，提出了符合20世纪70年代跨国公司大量涌入背景下的新雁行理论，即"产业多元化－贸易导向性FDI－协议分工"的雁行路径。

（三）产业结构调整理论

伴随着经济的发展以及科技革命，政府在产业结构调整中的作用越来越大。因此发展经济学学者对产业结构理论进行了新的探究，形成产业结构调整理论这一分支。关于产业结构调整理论又分为均衡增长产业结构理论和非平衡增长产业结构理论。

平衡增长理论的主要代表学者有罗森斯坦·罗丹和罗格纳·纳克斯。1943 年，英国著名经济学家罗森斯坦·罗丹在《东欧和东南欧国家的工业化问题》中提出了"大推进理论"，认为工业化是经济发展的主要动力，应该在发展中国家或欠发达地区对国民经济的各个部门大规模全面投资，以促进各部门的平衡增长，建立工业化体系，进而有效全面地提高国民经济。之后，美籍爱沙尼亚经济学家罗格纳·纳克斯在《不发达国家的资本形成问题》（1953）及后续所述论文中也提出应在发展中国家实行平衡增长战略。纳克斯从供给和需求来分析发展中国家之所以处于贫困恶性循环的原因，即供给不足的恶性循环（低生产率 – 低收入 – 低储蓄率 – 资本供给不足 – 低生产率）和需求不足的恶性循环（低生产率 – 低收入 – 低消费需求 – 低投资需求 – 低生产率），而遏制这种贫困恶性循环的关键是应对各个部门进行一系列的全面投资，同步推进一系列建设项目和建立一系列产业，以多样化平衡增长过程来寻求国内需求的扩大，提高工人的生产效率。总之，平衡增长理论的重点在于创造一个全面的经济启动平台，通过充足的投资拉动需求，使经济得到提升。但平衡增长理论需要大量的资金投入、全面的投资诱导，对于经济基础薄弱、投资资源有限的发展中国家来说，这种经济增长理论并不具备现实条件，不平衡增长理论应运而生。

非平衡增长理论的概念最早出自美国经济学家阿尔伯特·赫希曼于 1958 年出版的《经济发展战略》一书，赫希曼认为在投资资源有限的情况下，对不同部门选择差异化投资战略，施行"短缺发展"和"过剩发展"，根据"引致决策最大化"原则，精心选择并优先发展国民经济产业结构中关联效应最大的产业，来促进经济的发展。华尔特·罗斯托在其《经济增长进程》（1953）、《经济成长的阶段》（1960）中把国家历经的经济发展阶段分为六个阶段，各个阶段的主导产业不同，六个阶段分别是：传统社会阶段（农业为主）、创造起飞前提阶段（科技在工农业中发挥作用）、起飞阶段（工业迅猛增长）、向成熟发展阶段（国际贸易增加）、高额大众消费阶段（耐用消费品为主导）以及追求生活质量阶段（服务业为主）。罗斯托认为通过不同阶段主导产业的"扩散效应",使得国民经济得到发展。

(四)产业结构升级对劳动力供给的影响

正如发展经济学流派中文献所述,配第－克拉克定理和刘易斯的"二元结构论"都阐述了产业结构的变动对就业结构调整的影响。产业结构调整是一系列生产资料包括劳动、资本和科学技术等资源的重新调整、优化配置,三者结合的结果,产业结构升级促使劳动力从第一产业向第二、第三产业转移,在不同产业部门边际生产力不同的前提下,劳动力发生转移。阿瑟·刘易斯(1954)从"二元结构论"的角度对产业结构演变提供了新思路,认为发展中国家的经济可分为运用传统生产方式、劳动力生产效率低下的传统部门和运用现代生产方式、劳动力生产效率较高的现代部门,劳动力从效率低下的生产部门向生产效率高的部门转移,由于传统部门存在大量的劳动力供给剩余,因此在达到"刘易斯第一拐点"(剩余劳动力实现充分就业)之前,经济得到迅速提升。最终当两部门边际产品相等时,劳动力转移达到动态均衡,二元经济状态变为一元经济状态,此时为"刘易斯第二拐点"。刘易斯"第一拐点""第二拐点"描述了产业间分配调整的过程,产业结构升级促使劳动力供给市场优化调整。威廉姆·鲍穆尔(1967)提出非均衡增长假说,与"二元结构论"相似,认为不同产业间的生产效率差异会引致劳动力发生转移,低劳动生产率部门向高劳动生产率部门转移,从而降低高生产率部门的人均资本量,使结构红利转变为结构负担。西方地理学家也就劳动力就业结构变动的特征,提出用经济三角形来描述产业结构升级。在经济三角形中,产业结构升级可以由第一象限向第二、第三象限转移来表述。

中国改革开放以来,东中西部地区逐渐出现产业差异,产业结构升级与转型承接和劳动力就业不仅成为社会热点问题,也成为中国学者的探究焦点。关于产业结构与劳动力就业问题,中国学者的研究普遍集中于城镇化人口红利、产业结构与就业结构匹配问题以及产业结构升级对就业的影响关系等三个方面。

中国具有丰富的劳动力禀赋优势,以至于改革开放之初,"人口红利"确实为中国经济带来了连年高速增长,且人口从乡村向城市转移提高了中国的城镇化水平。城镇化水平是衡量一个国家或地区经济发展水平的重要标志，城镇化率衡量了城市数量的增加和城市规模的扩大，人口向大城市集聚，促进产业结构的转变，增强了区域竞争实力，提高了劳动生产率。但随着改革的不断推进，各种政策的践行，我国人口结构也发生了变化，蔡昉（2010）认为，随着劳动年龄人口增长率下降甚至转为负增长，中国劳动力潜在的供给数量将减少，这也就意味着形成充裕劳动力来源的基础将消失，因此基于劳动力数量并经劳动力强化的低成本优势将变弱。也有学者认为，随着我国人口老龄化问题日益严重，劳动力作为要素禀赋，其结构变动影响了劳动力供给，劳动力成本发生变化，进而使区域产业的竞争优势发生变化，影响产业结构升级（肖绽芳，2011；张传敬，2013）。

学者还就产业结构与就业结构的匹配问题进行了探究，认为中国产业升级的过程中，存在产业结构与就业结构不匹配，就业结构跟不上产业调整，进而影响产业升级，且观察众多文献发现，匹配失衡过程以 2010 年为分水岭，呈现两个阶段：第一阶段是人口红利阶段；第二阶段是人口老龄化、民工荒阶段（梁向东，殷允杰，2005；周兵，徐爱东，2008；干春晖，郑若谷，2009；方行明，韩小娜，2013）。中国产业结构升级的过程中，就业结构的不匹配，使得劳动力市场依然存在劳动力冗余的情况下，无法实现第二产业的有效就业（梁向东，殷允杰，2005），第三产业代替第二产业成为劳动力转移的新目标产业（邓智团，但涛波，2005）。相比产业结构升级的实施过程，就业结构升级明显滞后，劳动力向第三产业转移，发展战略与经济政策、投资与消费关系以及技术进步的跨越式提升是导致中国产业结构失衡的主要影响因素（陈桢，2007）。周兵、徐爱东（2008）以及干春晖（2009）都认为，产业结构升级的过程和中国生产要素结构的差异决定了我国产业结构升级的速度与质量。尽管理论上，产业结构的变化取决于劳动力的跨产业流动，但干春晖（2009）认为中国产业间要素结构的变动快于产业结构，劳动力的产业间流动具有显著的"结构红利"效应，要素结构的变化推动了产业结构升级，进而促进了生产率的提升。周兵、徐爱东（2008）认为中国存在明显的劳动力冗余，产业间的要素结构和产业结构之间的关系并不紧密。方行明、韩小娜（2013）对各产业的就业贡献率和就业弹性进行分析发现，在"人口红利"结束的时代背景下，由于第二产业的就业弹性较高且上升较快，因此第二产业"民工荒"问题更严重，第三产业吸纳就业能力最强，对整体就业的影响程度最大。

综上所述，产业结构和劳动力就业结构是相互影响的，一方面产业结构升级，产业生产效率成为劳动力转移的风向标；另一方面，劳动力就业结构也制约了产业升级的顺利进程。因此产业结构和劳动力就业结构是相互影响、相互作用的，两者协调发展才能发挥合力作用。

二、性别结构的经济传导机制

（一）性别结构的外部影响

最早关于性别问题的标准生物模型，可追溯至 1930 年费雪结合达尔文自然选择理论提出的"sexy sons"的假设，均衡时会由于父母对后代性别均等的偏好，而不存在性别失衡的问题，出生性别比例维持在 104。一方面，由于人类社会的复杂性，性别均等偏好的假设与现实常有出入，特别是亚洲地区，重男轻女的观念根深蒂固，导致了父母对于子女性别逆向选择的行为（Edlund，1999；Hesketh and Xing，2006；Bhaskar，2011；Brainerd，2017）。另一方面，由于婚姻市场中存在婚姻拥挤（marriage squeeze）效应，男性所面对的适婚对象范围大于女性，从而加剧了婚姻市场中的性别失衡（Schoen，1983；Angrist，2002；Bhaskar，2011；Li，Chan，Spencer and Yang，2016）。首先，基于性别失衡的问题，学者就其产生的社会问题进行了理论分析和实证检验。大多数文献集中考虑婚姻市场内部，认为性别失衡问题（男多女少）提高了女性在婚姻市场中的议价能力（Angrist，2002；Chiappor，Fortin and Lacroix，2002），对后代性别的逆向选择将加剧市场中男性的冗余，降低该区域的福利，如中国（Bhaskar，2011）。其次，性别失衡会通过社会路径造成犯罪率的上升，尤其是金融犯罪（Cameron，Meng and Zhang，2016）；研究发现犯罪率和 16～25 岁年龄段的性别比率之间的弹性为 3.4，即男性比率的上升造成了 1/7 犯罪率的上升（Edlund，Li Yi and Zhang，2013）。性别失衡不仅影响婚姻市场内部均衡、社会稳定，也对经济方面，如家庭户的收入水平以及一国的经常账户收支平衡，产生重要的影响（Becker，1981；Wei and Zhang，2011；Du and Wei，2010）。

（二）性别结构影响经济的传导机制

关于性别结构对经济的影响，国内外学者从不同视角研究了性别结构影响贸易收支恶化的传导机制，归纳起来主要有两种路径：一种路径是社会储蓄率的角度，如性别失衡可以在婚姻市场上使男性之间的竞争增强，导致竞争性储蓄的增加，储蓄的迅速增长促进了贸易顺差；另一种途径是通过劳动供给角度，如社会因素影响女性受教育程度从而影响劳动力报酬水平迫使出口产品成本下降，以及通过影响劳动力供给数量对贸易出口产生影响。

从性别结构影响社会储蓄率的角度，大部分学者认为性别失衡主要造成了负面影响，如性别失衡会引起区域的犯罪率上升，艾兰德等（Edlund，Li Yi and Zhang，2013）通过估算中国省级数据，性别失衡比率上升 1%，该地区的犯罪率将会上升 3%，性别失衡解释了 1/7 中国总体上升的犯罪率。魏和张（Wei and Zhang，2009）估计 1990~2005 中国家庭储蓄率的上升一半是由于性别比例的上升，性别失衡造成的总储蓄的上升加剧了贸易顺差缺口以及全球经常账户的失衡。而在某种程度上，全球经常账户的失衡是泡沫资产的重要影响因子，因此性别结构也许是造成 2007~2009 年全球金融危机的重要因素。

但也有学者认为性别失衡有积极的意义。魏和张（Wei and Zhang，2012）开创性地从竞争性储蓄的角度探析了性别结构对经济增长也可能有积极的效应，认为在婚姻市场上，男性的储蓄是影响其竞争力的重要变量，因而男性为了增加其在婚姻市场上的竞争力会增加储蓄，从而导致竞争性储蓄的增加促进贸易顺差。类似的婚姻市场提高储蓄率的观点同样还见于科尔、梅莱斯和波斯特尔瓦特（Cole，Mailath and Postlewaite，1992），以及霍普金斯和科尔尼延科（Hopkins and Kornienko，2009）的研究，但他们通常假设性别比例是平衡的。杜和魏（Du and Wei，2009）验证了两期世代交叠模型，模型假设人有两期寿命，男女出生比例外生给定，在同一期异性进行结婚，由于男性数量超过女性，因而均衡时女性是全部已婚状态，男性存在剩余。父母最大化一生的效用，其中包括下一代的效用问题，因而父母会在第一期考虑第二期财产转移数量的决策，从而达到效用最优。结果证明，后代是男性的家庭会比后代是女性的家庭储蓄更多财产，即他们会比后代为女性的家庭提供更多的劳动和储蓄。在性别比例未超过 1.5 时，性别失衡上升会助力社会储蓄率的上升。蔡兴、刘子兰（2013）对东亚十国进行实证检验，验证了性别比例对贸易顺差的正向影响。

从性别结构影响劳动供给的角度。在半工业化和出口导向型的国家或地区，性别不平衡是这些国家在贸易上保持顺差的一个重要原因，这是因为相比男性，女性劳动力由于选择的受限更容易集中于如纺织、食物加工、电子等出口倾向明显的产业里（Fontana, Joekes and Masika, 1998），因此女性更易从贸易扩张的机遇里获得效应，但也仅局限于工业部门，其他产业如农业、服务业的情况就不如工业的明晰。其次，由于社会因素导致女性受教育程度普遍低于男性，从而降低了女性劳动力要素报酬，使得特定产业的产品出口价格下降，贸易条件恶化（Osterreich, 2002）。

（三）性别结构与生产效率的关系研究

由于性别因素造成的劳动力市场隔离以及工资差异的早期讨论，可追溯至第二次世界大战后期。男性劳动力由于战争因素退出劳动力市场，女性劳动参与率逐渐升高（Acemoglu, Hutor and Lyle, 2004；Fernández, Fogli and Olivetti, 2002, 2004），女性群体在劳动力市场中的作用逐渐引起重视。学者发现，在劳动力市场中存在明显的职业性别隔离的现象，不仅体现在不同职业类别上，在同一产业或者公司中也存在同工不同酬的现象（Blau and Jusenius, 1976）。关于这种现象，早期学者从两个方面给出了解释：一方面，学者从歧视的角度对劳动力市场中两类群体的工资差异进行了解释。一种解释歧视的理论以新古典理论模型为基准，贝克尔（Gary Becker, 1981）认为从微观经济学的角度，完全竞争条件下效用最大化的假设条件下，男女工资差异来源于男性群体的歧视。阿罗（1972）在贝克尔的模型基础上进行了拓展，认为消除歧视需要增加额外的信息成本，一些学者也得到相似的结论（Becker, 1981；Arrow, 1972；Phelps, 1972；Flanders and Anderson, 1973；Gordon and Morton，1974；Mancke，1971；Samuelson，1973）。另一种解释歧视的理论则从拥挤假设（crowding hypothesis）出发（Edgeworth，1922），摒弃了完全竞争的劳动力市场的假设，认为女性工资过低是由于女性进入了由男性主导的职位有限的劳动力供给市场，是制度壁垒造成了女性劳动力的过度供给，从而工资低于男性。而该理论同时符合二元劳动力市场（dual labor market）的结论，认为是职业划分存在性别隔离解释了男女工资差异问题，二元经济理论为不同群体间（如种族以及性别）的工资差异提供了结构性因素的解释，认为在竞争的市场中，个体间的工资差异是由于部门中不同群体面临不同工作所导致的结构性差异，而非市场失灵。主要和次要的部门中在工资水平以及劳动力构成上存在巨大的差异，而该差异并不能由劳动力质量差异完全解释（Bluestone，Murphy and Stevenson，1973；Blau，1975；Beck，Horan and Tolbert，1978）。另一方面，学者从人力资本模型出发，认为是人力资本投入的回报率不同所以造成了劳动力市场的工资差异（Sandell，1973），而选择偏差会进一步造成女性在劳动力市场中处于较低工资水平，且由于选择偏差较难被发现（Gronau，1974）。同时，从其他社会因素，如获得教育、工作机会以及资金等方面，女性比男性的获得途径更困难，同时面临着负向的婚姻激励，工作的机会成本要比男性的成本高，因而女性的人力资本投入要比男性的更多，性别差异造成了两类群体在一些职业就业上的明显差距（Goldin and Katz，2002；Goldin，2004；Luo，2017）。

随着女性劳动参与率的提高以及歧视门槛的降低，部分学者重点研究了男女生产效率的差异以及女性参与率对工资结构以及职业结构的影响（Bridges，1980；Jacoby，1991；Blau and Kahn，1994，2000；Fernández，Fogli and Olivetti，2002，2004）。20 世纪 70 年代中期至 21 世纪，男女工资的差距有大幅度减小，而工资结构的不平衡性却在增加（Blau and Kahn，2000）。杰可布（Jacoby，1991）估计了男性女性在秘鲁中部山区农业生产中的劳动生产率，由于男女生产率的不同，其替代率并不完全，证据表明女性专职于家畜的生产。超越对数函数显示，由于男女边际生产力的差异，两种劳动力无法加总。总体上看男性劳动力比女性对农业产出的边际生产率要更高。布劳和卡恩（Blau and Kahn，1994）认为，20 世纪 70 ~ 80 年代，在较低技能劳动力市场上，劳动力需求的改变对女性劳动者有利，但在高技能劳动力市场上对男性更有利，与凯茨和墨菲（Katz and Murphy，1990）的结论一致，而原因在于需求方面的因素会在不同技能的水平要求上有差异，从而决定了女性劳动者相对收益的不同。费尔南德斯、弗利奥和奥利维缇（Fernández，Fogli and Olivetti；2002，2004）认为第二次世界大战提高了女性劳动参与率，而女性参与率的提高进一步提升了母亲工作的家庭类型下一代女性的工作率，并且其后代如果是男性同样会增加社会女性的劳动参与率。阿西莫格鲁、胡托尔和莱尔（Acemoglu，Hutor and Lyle，2004）调查了第二次世界大战时期女性劳动参与率提升对工资结构的影响，认为在 20 世纪中期女性可以作为高中毕业相对低劳动技能男性劳动力的较接近的替代者，而不是最低劳动技能的男性劳动力。大量女性劳动力供给不仅降低了女性工资，也降低了男性工资，从对女性工资的降低幅度大于对男性的影响可以看出，男女劳动力供给是不能完美替代的。布里奇（Bridges，1980）认为女性在一个产业中占比和微利行业的关系体现在职业结构上，同时职业结构上女性占比的特征与企业大小也有关系，女性进入资本密集型产业将从中获益，而在一些小型企业的产业中收益受损。

21 世纪以来，女性劳动力的歧视与门槛进一步削减，女性劳动力在需求较低技能结构上的工作岗位分布越来越均衡，面对的门槛也越来越低，学者的焦点逐渐关注女性劳动力在高技能或者管理类等高回报的岗位中所发挥的作用，例如董事会中女性分布以及作用（Black and Juhn，2000；Bertrand and Hallock，2001；Adams and Ferria，2009；Gregory – Smith，Main and O'eilly，2014；Dass，et al.，2013；Green and Homroy，2018）。在劳动力市场中，女性参与率越来越高（Black and Juhn，2000），伯特兰和哈洛克（Bertrand and Hallock，2001）分析了 1992～1997 年美国企业高回报水平的行政主管中两类劳动力的工资差距。样本年限中，女性主管占比仅为 2.5%，相比同职位下男性报酬减少约 43%。验证了在美国大型企业中存在职业歧视（如性别隔离以及不平等提升）的可能性，75% 的报酬差距是由女性多管理小型企业以及较不可能成为 CEO、主席或者公司董事长的社会事实来解释。亚当斯和费里亚（Adams and Ferria，2009）认为女性董事对于董事会的投入以及公司产出具有重要的影响作用，在董事中，女性的分布增加有利于出勤以及董事管理的提升，但是在股东权利不同的公司，董事中女性成员的增加具有不同的效应：在弱股东权限的公司中，女性董事的增加将有利于公司的运营；而在强股东权利的公司中，则具有减弱的效应。格雷格－史密斯、梅因和奥莱理（Gregory－Smith, Main and O'Reilly, 2014）则未发现董事成员中女性的增加影响公司生产力的经验证据。格林和霍默尔（Green and Homroy, 2018）认为董事会女性的增加虽然对公司整体表现的影响微弱，但对董事会的意义是重大的，其中董事会（委员会）中女性经理比例偏离标准差上升一个单位，资产回报率上升 0.026（0.06）个单位。这种由于女性的多元化产生的经济效应可与特定产业专家的效应相比拟，特定产业专家的经理比例偏离标准差上升一个单位，公司整体表现上升 0.14 个单位（Dass, Kini, Nanda and Wang, 2013）。

与国外理论发展相似，中国学者对于二元劳动力问题聚焦于两个方面：一方面是中国劳动力市场的性别歧视问题，二元劳动力所面对的同工不同酬的工资结构差距以及晋升概率差异（王美艳，2005；葛玉好和曾湘泉，2011；卿石松，2011；刘斌和李磊，2012；於嘉和谢宇，2014；郭凯明和颜色，2015）。由于社会因素，在较低程度的同等学历、职业类别以及年龄的劳动力中，女性面临的工作歧视是造成男女工资差异的重要因素（王美艳，2005；葛玉好和曾湘泉，2011），在较高技能的工作类别中，两类劳动力面对的晋升渠道存在差异，女性面临更严苛的晋升路径（卿石松，2011）。於嘉和谢宇（2014）认为在婚姻市场中，生育问题会对女性工资造成负面的影响，且高教育程度、管理类工作以及国有部门的女性的回归结果更显著。而要求同工同酬和保障就业平等的政策可以减少男女工资差异（郭凯明和颜色，2015）。另一方面是女性高管对公司投资、产出以及绩效改善的影响（李小荣和刘行，2012；杨静和王重明，2013；刘鹏程等，2013；王清和周泽将，2015；金智，宋顺林和阳雪，2015），该方面的研究和国外的实证结果相似，认为女性董事比例的上升并不利于公司投资效率的增长，反而会产生负面作用（金智，宋顺林和阳雪，2015），但是女性创业型领导可以提升创业组织的绩效（杨静和王重明，2013）。

（四）流动人口对地区性别结构的影响

性别失衡问题对经济的影响传导机制，始于性别的逆向选择，但影响劳动力中性别比例，不仅受出生性别比和婚姻拥挤影响，还受流动人口因素影响（Hutchinson，1976；Tyree and Donato，1985；Angrist，2002；Hesketh and Xing，2006）。流动人口中性别比例变化的流向造成流入地劳动力性别比例的变化，最终影响流入地产业发展。巴德罕（Bardhan，1974）把印度南部种植大米的女性工人相比北部种植小麦的女性工人更高的社会地位，归结于大米种植产业对女性的需求要高于小麦种植的事实。钱（Qian，2008）研究了中国经济改革后具有性别特征的特定工作的收入变化，如增加了茶叶生产中女性工作的收入以及木本果树养植男性工资的收入，研究发现区域种植的路径变化和区域间性别比例具有显著的关系。流动人口中性别比例的波动，不仅影响了劳动力流出地和劳动力流入地两地的性别结构均衡，也影响了两地主要产业的竞争优势。

三、劳动力转移对产业结构的影响

（一）劳动力转移的外部性效应

学者对于人才流出的外部效应莫衷一是。20 世纪 60 年代之前，关于高技能劳动力流动对流出国的影响，普遍研究都持负面的影响，认为如果仅考虑流出国为一个整体，目标利益应是最大化其军事和经济能力，人才的流失无疑会降低本国的总体水平。同时对于人才流出国的福利分析也基本基于 Hicks - Samuelson 新古典模型的理论框架，工资具有完全弹性。

20 世纪 60 年代中期，学者认为应该鼓励劳动力的自由流动。有学者（Grubel and Scott，1966）认为，如果一国期望最大化该国国民收入，就应该接受人才的自由流动。一方面因为人才流动提高了个体的收入（如果人才流动是自发的）；另外一方面阐述了人才的离去也不会降低人才流动后市场的工资水平。强调了高技能劳动力的流动对知识的贡献，而知识作为一种国际公共物品，对整体是有益的，包括发展中国家人才的流失。早期的文献一般性地总结了劳动力转移对本国的影响是中立的，对整体全球经济的影响是积极的。但文献多基于对标准贸易理论框架中福利分析的探讨（Mundell，1957；Johnson，1967；Berry and Soligo，1969；Krugman，1979）。蒙代尔（Mundell，

1957) 认为在赫克歇尔－俄林（Heckscher－Ohlin）模型中，贸易和劳动力要素流动具有相互替代的效应，同样的结论也在克鲁格曼（Krugman，1979）的研究中提到，在论述规模经济是分工深化和贸易产生的原因时，劳动要素的优势会促使产业集聚，劳动力的分布和最初的劳动力分布密度有关。Johnson（1967）通过假设有技术的劳动力的转移减少了流出国的劳动力以及资本存量的角度，扩展了劳动力转移研究的分析，但由于受限于人力资本和物理资本可完全替代的假设，使得人才流失的严重效应产生了偏差。巴瑞和索里果（Berry and Soligo，1969）认为，高技能劳动力流失的同时会把一部分资产留在本国以及国际汇款，而该部分可以弥补劳动力来源国的人才损失。

巴格瓦蒂探索各种制度环境中人才流失的福利后果，引入了国内劳动力市场的僵化，信息不完全以及财政竞争和其他外部性影响（Bhagwati and Hamada，1974；McCulloch and Yellen，1977；Rivera，2013），以强调人才流失对于留下的负面后果。此时，高技能的劳动力的流失意味着在国际层面上加剧了不平等，贫富差距越来越大。米亚吉（Miyagiwa，1991）、哈克和吉姆（Haque and Kim，1995）在内生增长框架中分析人才流失时，也得出负的外部性等类似的结论。里维拉（Rivera，2013）认为，由于短时间内没有替补，高技能劳动力的流出会导致限制性地获得高等教育的人才外流，尤其是对于教育的补贴占很大份额的情况下，高技能劳动力的流失造成的损失是巨大，培训成本的替代甚至可以引发剩余劳动力生产率的下降。

（二）影响劳动力转移的因素分析

从 20 世纪 80 年代开始，学者把焦点从劳动力外部性的问题转至劳动力转移的行为上，认为劳动力转移的行为是可逆的，流出的人才会有部分再次返回流出国。伯杰斯（Borjas，1987；1991）分析了由于劳动力流动决策的内生性，流动劳动力的工资预期应与劳动力本地工资相异的影响机制，并实证分析了美国从 1970～1980 年接收的 41 个国家的移民，发现劳动力流动前后工资差异显著，并体现在流出国经济政治因素的差异上。随着劳动力流动相继发生，劳动力技能将呈现下降趋势，东道国劳动力工资相继大幅下降。1970

年移民至美国的劳动力,工资比美国本土劳动力工资平均高出一个百分点;而到 20 世纪 90 年代末,移民的工资已经下降 15%;至 1990 年,移民的劳动力工资平均比本土劳动力的工资低 32%(Borjas,1994;2003)。伯杰斯和博莱茨伯格(Borjas and Bratsberg,1996)分析了移民有很高比例会再次返回来源国,即劳动力流动的决策是可逆的。相似的结论同样见于(DaVanzo,1983;Fields,1979;Warren and Jennifer,1980;Warren and Ellen,1985)。沃伦等(Warren and Jennifer,1980;Warren and Ellen,1985)估计有 30% 左右移民会在 10 ~ 20 年离开美国。伯杰斯和博莱茨伯格分析有两种原因可能促使劳动力再次返回来源国:一是长期规划决定积攒一定经济基础后回国;二是由于错误估计了流出国的工作预期最终决定返回。除了经济影响,移民对本土劳动力的冲击,学者也进行了分析,并得出不同结论:伯杰斯等(Borjas,Grogger and Hanson,2010;Aydemir and Borjas,2007)认为,高技能的移民与本土劳动力具有完全替代性,替代弹性为无穷。高技能的移民劳动力和本土劳动力的替代弹性是评估流动劳动力工资效应的重要参数。

针对劳动力转移的分析,部分学者也就政府制定相关激励政策影响劳动力流动的问题进行了研究。一部分学者(Stigler,1957;Musgrave,1971;Oates,1972,1977)认为,应该由中央政府高屋建瓴制定影响劳动力分配的政策,而不是由较低层面的政府分别制定(如欧盟相当于其体系内的高层面的政府机制)。原因是较低层面的政府在面对再分配政策时,有可能面对逆向选择:再分配造成了地理位置的激励动机,从而产生效率损失,所以再分配政策的主导应该集中化。但是,有大量的证据证明,再分配政策对不同区域具有不同的"喜好"。因此,也有学者持相反的观点,波利(Pauly,1973)认为,较低层面的区域政府对劳动力流动制定激励政策是更可取的。对于坚持由较低层面的政府制定影响劳动力再分布政策的进一步讨论是,纳税人通过地区间转移从而避税的能力,会限制政府对于个体收取额外租金的能力(McLure,1986)。威尔德森(Wildasin,1991;2000)认为,中央政府对于给予低层面的政府以政策利好,将会得到正外部性且实现社会最优。

少数学者对政府针对劳动力流动制定相关政策的重要性进行了实证分析,有理由相信长期激励劳动力流动机制政策是重要的(Gramlich and Laren,1984;Brown and Oates,1987;Peterson and Rom,1988)。当局应重视对国际高技能劳动力转移的管理和征税，同时并不仅仅局限于劳动力输出国，对于劳动力输入国同样具有重要意义（Tullao and Rivera，2008；Egger and Radulescu，2009）。巨额的海外劳工汇款一直被作为经济增长和发展的重要驱动力而不容忽视（Tullao and Rivera，2008），由于政府并未能制定任何关于管理劳动力，尤其是高技能劳动力转移的政策，政府并不能看到劳动力转移负的外部性影响。艾格和拉杜列斯库（Egger and Radulescu，2009）对高技能劳动力征税设模发现，对于高收入人群征税最重要的部分就是税收渐进系统，高技能劳动力转移行为对于税收变化的弹性决定了政府设税后福利的改变，同样的结论还可见于巴格瓦蒂税收模型。

（三）劳动力转移与产业集聚的关系

20 世纪 90 年代研究集中在把劳动力流动的分析构嵌于产业、贸易的集聚效应分析中，劳动力的差别化分工也是城市形成的原因之一（Baumgardner，1988；Benabou，1993；Kim，1991；Duranton and Puga，2000，2004；Zenou，2009；Berlian and Zenou，2014）。杜兰特和普加（Duranton and Puga，2000；2004）分析了城市集聚经济的微观基础，认为劳动力在乡村和城市区域供给弹性是影响产业集聚的因素之一，其次，人口集聚面临规模报酬递增和城市拥挤两者的权衡。杜兰特和普加（2004）通过分享、匹配以及学习机制分别论述了劳动力对产业集聚的影响。伯利安和齐诺（Berlian and Zenou，2014）对公司选址和劳动力进行了差异化分析，每一个类型的消费者被分类至一个劳动力类型，这可由人力资本抉择的内在性推导（Baumgardner，1988；Benabou，1993；Kim，1991；Zenou，2009），但伯利安和齐诺假设劳动力异质性是外在给定的，由于劳动力异质性，所以劳动力市场是不同的。模型在设置上运用了新拓扑的假设，即外在豪斯多夫拓扑，该假设使得商品集空间是紧致的同时允许偏好塑造。当产品价格不依赖于公司选址时，工资的不等不能反映福利的不均等。当工资会由于公司选址与居住地间的距离不同而变化时，会产生价格歧视，从而和完全竞争的假设不匹配。模型的比较静态性质可以看到劳动力分工越多，均衡的多样性越大，呈现连续的均衡。城市的类型也和劳动力分工深化的程度有关。

国内学者也就劳动力要素对经济的影响进行了相应研究。学者认为劳动力增长对经济增长的促进作用，贸易促进人口向大城市集聚，进而影响产业升级（朱丽江，2013；陈钊，陆铭，2014；佟家栋，李胜旗，2014；宋晓丽，张玉，2016）。但多数学者认为人口结构效应变化远大于人口规模和增长率对经济以及产业集聚的作用，从人口红利、人口抚养比的角度对劳动力结构影响经济进行了分析（王仁言，2003；蔡昉，2010；杨继军，马野青，2011；田巍，2011；谢建国，张炳南，2013；蔡兴，刘子兰，2013）。进一步，又由于产业转移以及经济增长，各地区对劳动力的争夺日益激烈，劳动力的非均衡流动在一定程度上加剧了产业集聚的区域差异，促进了产业集聚（江霈，冷静，2008；谢莉娟，吴中宝，2009；张车伟，蔡翼飞，2013；方行明，韩晓娜，2013；张文武，2012；谢璐璐，2013）。

（四）劳动力转移对产业结构升级的影响

在资本配置较固定的情况下，是否应该放宽对人口流动的限制，人口自由流动是否具有效率一直是学界研究的热点。由于中国的户籍制度，劳动力从农村向城市的流动存在阻力，造成了劳动力配置的低效率（Au and Henderson，2006；Tombe and Zhu，2015），随着劳动力转移成本的降低，制造业企业的盈利能力将升高（Imber，Seror，Zhang and Zylberberg，2017）。欧和汉德森（Au and Henderson，2006）测算了随着产业构成的变化，流动人口涌入，劳动力人均产出和城市规模的关系，认为中国农村地区存在资本低配的问题。应波特（Imbert，2017）对流动人口与城市劳动力市场、中国制造业企业的因果关系进行了检验，并利用雨水、世界农产品价格以及农作物种植路径和潜在产出的偏差构成了影响农村劳动力返回各省市的外在冲击。结合这些冲击，构建了重力模型，模型表明农村劳动力流出地和城市目的地之间的距离以及目的地的人口来预测劳动力向各个市区流入的动向，并且通过观察劳动力和企业估计其对城市经济的影响。鉴于中国家庭户经济明显的二元性，城镇和农村居民的储蓄率具有明显的不同，而该不同使得流动人口通过储蓄机制影响中国二元经济转型（李扬，殷剑锋，2007；张勋，刘晓光，樊纲，2014）。

四、本章小结

关于产业结构升级、性别结构以及流动人口分别对经济的影响，学界已有翔实研究，但是从流动人口造成一地区的性别结构变动，进而影响产业竞争力的方向，尚缺乏文献支撑。本书重点研究测度流动人口中造成流入地区性别比例变化，从而衡量对产业的影响。

第三章 典型事实分析与理论模型构建

一、人口迁移的省际特征差异

本章将从中国流动人口迁移、各地区劳动力市场性别结构以及产业结构改变的事实分析出发，结合城市模型，提出流动人口影响区域产业结构调整的理论机制，并构建理论模型，从劳动力性别结构视角分析流动人口影响产业结构调整的理论逻辑。

（一）中国省际流动人口迁移的区域差异及动态特征

自改革开放以来，中国经济体制改革不断深化，伴随着经济增长的突飞猛进，各地区的要素禀赋差异也逐渐明显。又由于中国的户籍制度改革，全国第五次人口普查数据（简称五普）和第六次人口普查数据（简称六普）显示，进入21世纪以来，中国人口流动表现出巨大的规模和不断增加的趋势。

1. 流动人口先升后降，迁移范围先远后近趋于稳定。人类历史上最大的人口流动为中国产业发展以及产业结构调整提供了必要条件，大规模的人口流动迁移为生产作出了重大贡献。根据五普和六普，2000～2010十年间，按照户口登记地在外地统计口径，中国总流动人口从1.2亿人（2000年）逐步增加至2.6亿人（2010年），增幅高达109%。而根据国家卫生健康委员会发布的2011～2017年《中国流动人口发展报告》数据显示，中国流动人口由2010年的2.21亿人增加至2014年的2.53亿人，自2015年流动人口总量开始下降（见图3-1）。

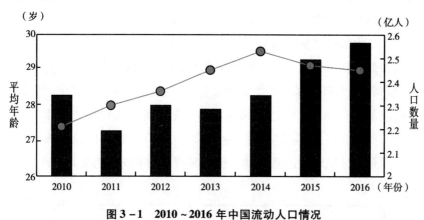

图3-1　2010~2016年中国流动人口情况

资料来源：根据卫生健康委员会官方发布数据整理绘制，http://www.ldrk.org.cn；2017-8-19.

观察中国近年来人口迁移范围，则呈现先远后近的特点。根据五普和六普数据，2000~2010年，中国省内流动人口占主导地位，但省际流动人口增幅明显。2010年省际流动人口总量为8588万人；省内流动人口总量为1.8亿人。但相比2000年人口数据，省际流动人口增幅为158%；省内人口增幅为91.5%。进一步根据流动方向，把流动人口分为四类：城城流动、城乡流动、乡城流动、乡乡流动。其中，乡城流动人口占全部流动人口的份额从52.22%上升至63.3%；城城流动人口从20.8%上升为21.15%；乡乡流动则从18.64%下降至12.69%；最后城乡流动从8.35%下降至2.85%。从以上数据可以看出，2000~2010年流动人口增幅明显，且流动人口小范围迁移后跨省流动逐渐占据主要地位，其中以乡城流动为主，达到流动人口的2/3。

但根据《中国流动人口发展报告》，2010年之后，中国流动人口的迁移情况发生转折。2011~2016年，中国人口流动以跨省为主，但比例开始缓慢下降，省内跨市流动的比例缓慢上升，市内跨县流动则变动较小，人口流动的稳定性增强。此外，6年来中国流动人口平均年龄呈持续上升趋势，从2011年的27.3岁升至2016年的29.8岁。近年来，中国新生代流动人口的比重不断上升，2016年已达64.7%，成为流动人口中的主力军。16~59岁的劳动年龄流动人口中，"80后"（出生于1980~1989年）流动人口比重由2011年的不足50%升至2016年的56.5%；"90后"（出生于1990~1999年）流动人口的比重由 2013 年的 14.5% 升至 2016 年的 18.7%，呈现稳步增长的趋势。新生代力量的不断翻新，一方面，向劳动力市场不断提供中坚力量；另一方面，由于中坚力量的性别特征相较两端劳动力更为明显，因而中坚力量的不断翻新也使得流动人口的流动方向呈现出明显的性别特征。

2. 省际流动人口迁移区域化的动态特征。鉴于乡城流动是中国流动人口的主要组成部分，该现象所造成的现实结果是，流动人口促使城市规模增长更具集聚特点。观察图 3-2 和图 3-3，2000~2010 年中国流动人口迁移方向，冷点和热点区域均无剧烈变动，但中间排名的省份略有变化。

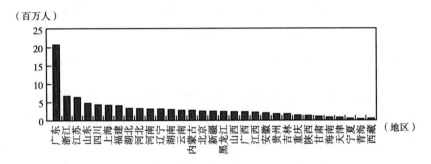

图 3-2 2000 年中国各地区流动人口规模排序

资料来源：根据中国 2010 年人口普查资料（第六次）数据整理绘制，https://www.gov.cn/guoqing/2012-04/20/content_2582698.htm；2017-8-19.

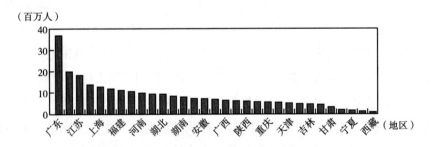

图 3-3 2010 年中国各地区流动人口规模排序

资料来源：根据中国 2010 年人口普查资料（第六次）数据整理绘制，https://www.gov.cn/guoqing/2012-04/20/content_2582698.htm；2017-8-19.

人口迁移方向依然集聚于东南沿海地区，十年间，广东、浙江、江苏、山东 4 个省份是人口集聚的热点省份。其中，无论是五普还是六普时期，广东省在流动人口总量上一直是人口迁移的焦点省份，2000 年广东流动人口已高达 2077 万人，相当于三个浙江省的流动人口规模；2010 年时仍位居流动人口总量首位，其规模达到 3681 万人。上海、四川、福建及北京 4 个省份则从增量上成为新的人口集聚中心，4 个省份分别从五普时期的 423 万人、438 万人、412 万人以及 252 万人，十年间迅速增加到 1269 万人、1174 万人、1107 万人以及 1050 万人，其增幅分别为 200%、168%、169%、317%。可见，东南沿海作为中国人口迁移集聚区域热度不减，但中部地区新型人口集聚中心正在崛起，中国流动人口呈现出"多中心集聚"特征，即人口集聚与经济集聚紧密相连，人口集聚地围绕长三角和珠三角等经济特区形成人口迁移热点，同时京津冀和中部、西部地区随着中国产业调整，人口逐渐回流，北京、河南、安徽、云南、湖北、四川等地区成为新的人口热点地区。值得注意的是，随着京津冀产业结构调整，人口迅速向北京转移，河北的流动人口规模大幅减少。其原因可能是河北虽然具有相似地理优势，但由于其经济环境相去甚远，因而并未成为焦点。天津虽然和北京地理位置、经济环境相似，但由于其城市容纳程度较小，其流动人口规模排名靠后，因而需要进一步考察各省份流动人口占常住人口的比例（见图 3-4）。

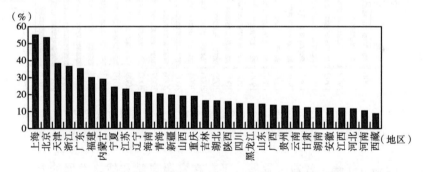

图 3-4　2010 年中国各地区流动人口占其常住人口比例排序

资料来源：根据中国 2010 年人口普查资料（第六次）数据整理绘制，https://www.gov.cn/guoqing/2012-04/20/content_2582698.htm；2017-8-19.

经过进一步考察各地区流动人口在其常住人口的占比后发现，把城市容纳变量纳入考量后，人口集聚的热点区域发生明显变化。北京、上海、广东仍然是人口迁移的集聚中心，但上海、北京、天津、浙江等省份排名超过广东。从数据可以看出，上海、北京、天津、浙江、广东 5 个省份流动人口占常住人口的比重分别为：55.1%、52.5%、38.3%、36.8%、35.3%，即平均每百个常住人口就有 35～55 个省外流动人口。因此，结合中国流动人口总量数据、动态数据以及城市容纳的变量分析，从中可以看出，中国的人口集聚路径具有人口向中西部回流的特征，即人口一方面围绕长三角、珠三角、京津冀经济集聚区域迁流；另一方面人口朝中西部以及川渝地区回流趋势增强。

3. 人口迁移与城市化发展动态变化。观察中国 1990～2016 年城镇化率状况在近 30 年的发展中，经历了快速的城镇化。中国从 1990 年 26.4% 的城镇化水平上升到 2016 年的 57.3%，就业人口总量从 1990 年的 6.5 亿人增至 2016 年的 7.8 亿人，2016 年城镇就业人数达到 4.1 亿人，全年城镇新增就业 1314 万人。2016 年全国农民工总量 2.8 亿人，比上年增长 1.5%。其中，外出农民工 1.7 亿人，增长 0.3%；本地农民工 1.1 亿人，增长 3.4%。农民工数量的减少进一步加剧了中国"农民工荒"的问题，中国劳动力供给市场遭遇刘易斯拐点，而该问题与人口迁移存在紧密联系（见图 3－5）。

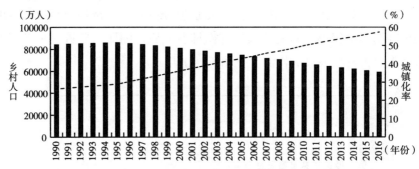

图 3－5　1990～2016 年城镇化率及乡村人口数量状况

资料来源：根据国家统计局公布数据整理绘制，http://www.stats.gov.cn；2017－8－19.

中国幅员辽阔，各地区发展水平存在资源禀赋和战略发展的差异，进而体现在区域经济发展水平上，形成产业阶梯。改革开放至今，中国形成东南沿海产业发展较完善，中西部有待开发的"东南高，西北低"的分布格局。从 2016 年中国各地区城镇化发展水平排序数据可以看出，和人口集聚方向匹配，中国城镇化水平的前五位地区分别为上海（87.9%）、北京（86.5%）、天津（82.9%）、广东（69.2%）和江苏（67.7%），和六普时期中国流动人口的迁移热点几乎吻合。而发展程度最低的则集中在甘肃、西藏、广西、云南、贵州等西部省份，最高与最低者之间相差几乎 3 倍多（见图 3－6）。

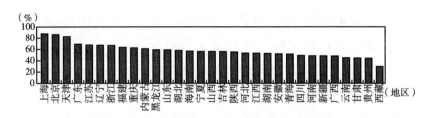

图 3-6　2016 年中国各地区城镇化水平

资料来源：根据国家统计局公布数据整理绘制，http：//www.stats.gov.cn；2017-8-19.

人口迁移不仅影响人口迁出地，同时也影响人口迁入地，因而人口流动较大对地区对迁入和迁出地对城镇化水平都起到了显著影响。城市化率提升幅度大的区域绝大部分都是迁入或迁出人口量大的地区（马红旗和陈仲常，2012）。从 2005~2016 年各地区城镇化水平变动程度排序折线图来看，大量人口迁出使得流出地城镇化水平上升，如贵州、河南、云南、四川以及甘肃。而流入地区城市人口则相应增加，如福建（28.8%）、海南（25.8%）以及浙江（19.6%）等，正是由此而形成的。另外，值得注意的是，广东（14.0%）、天津（10.4%）、北京（3.5%）以及上海（-1.4%）城镇化水平上升幅度较低，甚至出现下降。其原因：一方面是该省份城镇化水平基数已然很高，继续增加不易；另一方面也说明，中国流动人口往北京、上海、广东集聚的趋势在回减（见图 3-7）。

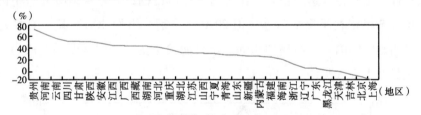

图 3-7　2005~2016 年各地区城镇化水平变动幅度

资料来源：根据国家统计局公布数据整理绘制，http：//www.stats.gov.cn；2017-8-19.

（二）中国各省性别结构变化的动态特征

1. 近十年，性别失衡态势逐渐明显。关于性别比例，此处需要厘清两个概念：出生性别比例和人口性别比例。出生性别比例指新生儿中男女性别比例，1710 年 Graunt 及其伦敦人口研究所的同事发现，在没有干预的情况下，新生儿中男女性别比例保持在每百名女婴对应 105～107 名男婴的比例（Campbell，2001）。研究把 1962～1980 年 24 个欧洲国家男女性别比（105～107）的中位数 105.9（女性 =100）作为衡量男女性别失衡的标准（Coale，1991）。影响出生性别失衡的因素众多，包括家族大小、父母年龄及职业、出生顺序、种族、环境、压力以及战争等因素。但是多数东南亚国家的性别比重偏离正常范畴，其原因主要是对男孩的选择偏好。

对应出生性别比例，人口性别比例是指总人口中男女比例。人口性别比依赖于三个主要因素：出生性别比、男女死亡率差异以及流动人口男女比例差异。其中流动人口因素是影响区域内部性别结构的主要因素。

从中国总人口数据来看，中国人口规模呈现稳定增长的趋势。而观察中国性别比例数据，自 20 世纪 90 年代以来，中国总人口性别比在 103～107 之间波动。2000 年之前，中国性别比例波动剧烈，1996 年两性比例降至波谷（103.3），随后回升至 105.9（1999 年）正常水平，2000 年达到峰值（106.3），之后十年中国性别比例一直保持在 105.9 之上的男性过多的失衡水平。2010 年之后中国女性数量逐渐上升，近六年来中国总人口性别比持续下降，稳定在 105 左右。从中国人口性别结构数据可以看出，2000 年之前，中国人口性别结构并未达到稳态，在失衡点左右徘徊；2000～2010 年，中国性别结构逐渐稳定在平衡的状态；但 2010 年之后，男性相对数量一直稳定下降，说明影响中国人口结构的驱动因素可能发生变动，而该变动造成的结果应给予足够重视（见图 3 - 8）。

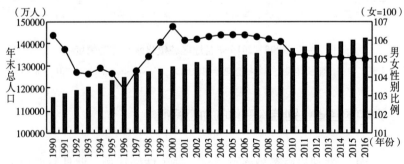

图 3 - 8　1990～2016 年中国人口规模两性比例发展状况

资料来源：根据国家统计局公布数据整理绘制，http：//www. stats. gov. cn；2017 - 8 - 19.

2. 性别失衡的传导路径。鉴于上述中国总人口性别结构的变动，虽然处于失衡状态，但是总体还属于 105～107 的范畴里，因此，本书还需要进一步从出生人口、死亡人口以及流动人口三个层面考察各地区性别结构的情况（见图 3-9）。

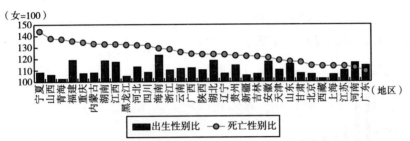

图 3-9 2012 年中国各地区出生人口和死亡人口性别比

资料来源：根据 2012 年全国暂住人口统计资料汇编整理绘制，公安部治安管理局 . 2012 年全国暂住人口统计资料汇编 [M]. 北京：群众出版社，2012.

从中国各地区出生人口和死亡人口的数据发现，不同区域性别失衡严重。各地区死亡人口性别差异明显，最低性别比的地区（广东）和最高者（宁夏）之间可相差 35.1 个单位。且对应各地区死亡性别比排序，出生性别比排序与之并不匹配，即各地区的出生人口和死亡人口的性别差异加剧了各地区性别结构的差异。相较于死亡人口数据，出生人口地区差异范围小，围绕 103.0（青海）到 123.7（海南）小范围波动。较高男性出生人口的地区聚集在中国中南部地区，90% 的地区超过失衡标准（105.9），如海南、福建、广东、湖北、江西、安徽、河南、山东 8 个省份，每百个女婴出生，就会有近 120 个男婴出生。而具有较高男性死亡人口的地区则聚集在中国的西北部，宁夏、山西、青海 3 个省份的死亡性别比在 137 之上。一方面，由于出生人口和死亡人口两端的范围差异，造成各地区内的性别结构偏离正常比例；另一方面，由于各地区的地理差异，使得性别失衡可能在部分地区存在加剧或缓和的情况出现。但各地区影响性别结构的因素并不仅仅是静态，除去时间动态的影响，各地区流动人口的迁入迁出也是影响地区性别结构的重要因素。因此应进一步考察中国各地区流动人口中的性别比例。

3. 流动人口中性别结构存在差异。首先根据中国六普人口数据整理发现，2010 年各地区中，流动人口性别比例在 105～107 正常范围波动的只有贵州、河南、湖北、安徽以及湖南 5 个省份。若以中位数 105.9 作为性别失衡的标准，排序在河南之前的省份吸引相对较多的男性流动人口；而排序在河南之后的省份则女性相对较多。而对照中国男性出生人口较多的中南部地区，流动人口的涌入将增加该地区的男性劳动力供给，同时也会造成婚姻拥挤引发一定的社会问题（Schoen，1983；Angrist，2002；Bhaskar，2011；Li，Chan，Spencer and Yang，2016）（见图 3 – 10）。

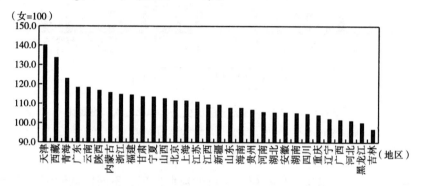

图 3 – 10　2010 年各地区流动人口的性别结构

资料来源：根据中国 2010 年人口普查资料（第六次）数据整理绘制，https://www.gov.cn/guo-qing/2012 – 04/20/content_2582698.htm；2017 – 8 – 19.

针对相似的地理位置，中国流动人口的性别构成具有明显的东西差异，也存在胡焕庸线的特征（胡焕庸，1935），即和中国的东西半壁人口分布格局相类似。胡焕庸线以东，流动人口中男性占比超过 160（女性 = 100）；胡焕庸线以西，男性占比在 120～160 的范围。不同性别的流动人口，对于迁移目的地的选择具有东西分离的空间集聚特征。说明对于迁出位置的选择，较之西藏、青海、陕西以及内蒙古等地区，女性更多向东南沿海或中部地区转移。

与流动人口类型不同，性别结构也具有明显差异。根据六普数据，中国总流动人口的平均性别结构为 109.6，乡城（111.2）和城城（108.8）流动与总流动人口数据基本保持一致，但乡乡流动人口（95.1）与城乡流动人口（160.0）则偏离平均水平。马小红、段成荣和郭静（2014）等认为，乡乡流动人口和城乡流动人口之所以偏离正常水平，是因为社会因素，即由于婚嫁因素，适龄女性流入南方，增加了乡乡流动人口的女性比例，而由于养老问题，造成了城乡流动人口中 60 岁以上男性比例的上升。

虽然在总体城乡流动人口中，男女性别比例还算处于平衡状态，但细分至各个地区，由于流动人口迁移趋势、迁移原因的差异，各个地区性别结构的失衡状态逐渐明显，因此流动人口对迁出和迁入地的劳动力二元市场造成了冲击，影响劳动力供给匹配，进而影响各地区的产业发展。

（三）中国产业结构变迁的动态特征

1. 产业结构高级化，向后工业时代迈进。改革开放以来，中国经济社会面貌发生了深刻转变，持续高速的经济增长、日新月异的城市面貌、层出不穷的尖端科技成果，充分阐释了改革开放取得的重大成绩。伴随着经济的高速增长和城镇化进程的迅猛推进，中国产业结构实现了从"二三一"向"三二一"的结构性转变，第一产业比重快速下降，第三产业比重稳步上升。就业结构中服务业就业比重增长最快，同样实现了"三二一"的结构性转变。特别是第二、三产业比重的基本持平，说明中国已经开始从工业时代迈进后工业时代，服务产业将成为经济增长的主导部门。

从中国产业结构变迁特征看，改革开放之后，中国农业增加值比重持续下降；非农产业增加值占比稳步上升。其中，第二产业增加值比重整体平稳；第三产业增加值占比保持较快上升趋势。总体来看，中国产业结构升级过程可以通过农业产业比重的不断下降和服务业比重的不断上升来体现。现阶段，第二产业依然处于经济发展的主导地位，发展现代化工业仍然是现阶段中国产业结构升级的重要任务，但第二产业的政策导向已经转变为高科技、高效益、低消耗、低污染的新型工业化道路，人力资本和技术在工业升级中的作用将更为突出，"工业4.0"和"中国制造2025"理念的提出，指明了工业产业向更高层次升级的方向。在提高工业发展质量的同时，国家对加快现代服务业发展尤为重视，国家和地区密集出台了促进现代服务业发展的指导意见和配套扶持政策，加快服务业发展已达成社会共识，服务业发展方向也日趋明确。

2. 各地区产业结构变迁差异明显。虽然中国整体产业结构变迁呈现出平稳的服务化趋势，但是从分地区的观察发现存在明显的差异。2002年之前，东部和中西部地区产业结构的工业化趋势较为一致，且东部地区的工业发展相对领先；2002～2006年全国总体呈现出第二产业加速发展态势，东中西部产业结构高级化程度均不同程度下滑。但自 2006 年之后东中西部产业结构变化出现了显著分化，其中东部地区呈现出快速服务化趋势；而中西部服务业与第二产业的相对比重则继续下滑。

3. 人口因素与产业结构变迁的关联特征。人口因素影响产业发展的传导机制见图 3 - 11。

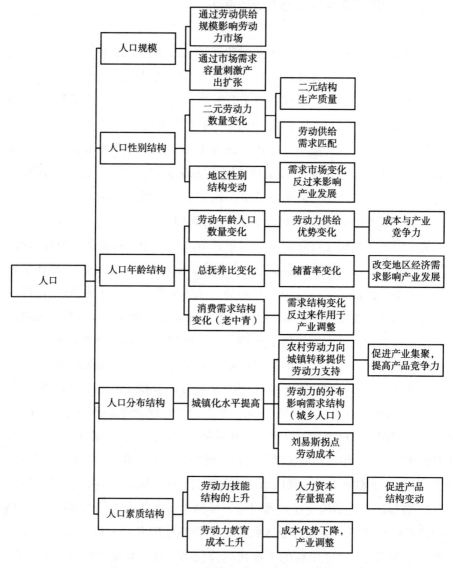

图 3 - 11 人口因素影响产业发展的传导机制

综述产业结构理论，产业结构的升级是低级形态向高级形态的演变过程，产业转移是产业结构升级不可或缺的重要途径，"雁行理论""配第－克拉克定理""增长非均衡假说"和"产品生命周期理论"等理论都反映了区域间产业承接的关系，以及产业转移对欠发达地区经济起到的提升作用。人口在产业承接、产业转移等资源再一次配置的过程中，起到了至关重要的作用。

经济发展吸引人才集聚，人口规模上升为经济发展提供了基础支持（朱云成，陈浩光，1983）。人口规模一方面可以通过劳动力供给端口影响劳动力市场的劳动力数量和质量；另一方面人口的集聚也进一步刺激了该地区市场需求容纳，刺激产出扩张。但是当供需无法匹配时，即使劳动力总量具有规模优势，人口规模也只能低效率作业，因而人口结构也是引起区域产业调整的重要因素。

人口结构变动对产业的影响具体可从性别结构、年龄结构以及分布结构等三方面进行分析。从性别结构来看，中国各地区性别失衡的现象逐渐明显，各地区男女劳动力数量差异变大（李树苗，孟阳，2017；2018）。该变化一方面对劳动力生产效率产生影响，不同工种对劳动力的要求偏好不同，二元劳动力任一方数量的冗余或缺失，都会降低劳动力市场的供需匹配质量，进而降低生产质量、影响产业发展。另一方面地区内性别结构变化也会影响该地区的需求市场，由于两性对消费产品需求有所差异，性别结构变动影响产品需求结构变动，进而刺激供应商调节产品供给。类似地，年龄结构和分布结构也从供给和需求两个角度影响产业发展。首先从劳动力供给角度，随着中国总抚养比的上升，劳动年龄人口数量下降，乡村劳动力向城市转移达到"刘易斯拐点"，中国的劳动力供给优势发生变化，劳动力成本的升高影响了地区产业的竞争力。其次从需求方面考虑，随着总抚养比的上升，人口因素从总储蓄率以及消费需求（老中青）结构两种路径影响供给侧进行调整，从而影响产业发展。

从人力资本的角度，学者发现，劳动力在产业转移间工作变动，从较低产业向较高产业转移时，其收入的增加40%来源于产业转移，60%来自自身的人力资本投入，人力资本投入对经济增长的贡献高于物质资本（库兹涅茨，1955；舒尔茨，1961）。库兹涅茨发现，工人从较低产业转到较高产业时收入会增加。据其计算，产业间的劳动力转换所造成的收入占总收入增长的40%；

其余的60%则来自工人在转换工作前对自己的种种教育投资。党的十九大报告指出，提高人力资本水平是资本替代劳动和提高全要素生产率的前提条件和重要保障。随着中国教育成本的投入，人力资本的逐渐上升，中国劳动力素质结构逐渐优化。因而从劳动供给侧考虑，一方面随着中国人口受教育程度稳步提高，人力资本存量上升，加速了区域间产业结构调整、升级；另一方面随着劳动力教育成本的上升，劳动力资源成本优势下降，反向迫使地区进行产业调整，对资源进行优化配置。

近年来，随着流动人口规模增加，人口因素对产业调整的影响机制愈发明显。观察中国产业结构变动以及人口流动和就业情况，从"一二三"到"三二一"的产业结构调整，第二产业的生产制造业及制造业升级，第三产业尤其是金融业、房地产业和信息服务业等商务服务业的比重上升最为显著，该产业结构的调整促使城市内部工业分布的重心由市区转向郊区，推动人口在城市内的再分布。

图3-12反映了中国1990~2015年三大产业中就业人员占比变动情况，可以发现第一产业就业人员逐步向第二、第三产业集聚，2015年三大产业中就业人员占比分别为：28.3%、29.9%和40.6%。中国人口就业结构发生了巨大的变化，第一产业大幅降低，相应的第二、第三产业快速提升。第一产业就业人口减少846.75万人，第二、第三产业相应增加了604.0万人和710.05万人，这是农村人口和农村劳动力转移的主要表现。十年来，农村地区人口继续大量流向城市，六普数据显示，跨省外来人口中农村人口达到7003.34万人，占81.55%，较五普时期增加了3696.49万人，比重上升近4个百分点。从就业结构看，第一产业就业人口下降16.04个百分点；第二、第三产业分别上升了7.34和8.70个百分点。在东部、中部、西部三大区域中，人口就业结构差异明显。首先，农林牧副渔业东部最低，为34.11%；其次，东部制造业比重远高于中部、西部，为26.92%，而中部、西部分别为11.31%和7.23%；再次，东部地区由于市场经济较为发达，批发、零售业所占比重明显较高，达到11.17%，而中部、西部则为8.23%和7.57%。很明显，东部、中部、西部之间产业结构上存在的较大差异，在客观上有利于中部、西部农村人口流向发达地区，为其解决了劳动力不足的问题。但还应该看到，中国第一产业就业比重仍然过大。随着中国城镇化水平的完善、人力

资本的深化，将进一步促使三大产业中就业人口的合理分布，促进就业规模合理配置资源，进一步提高中国进出口产品的结构和层次。区域间流动人口的再分布在满足区域经济、产业发展和人力资源需求的同时，也对流入地区的人口就业产生巨大的冲击。一些区域中，由于流动人口的素质不断提高，其可进入的行业越来越广，对流入区就业的影响越来越大。但也有区域中存在较低技能的劳动力流入，一定程度上不利于东部地区的产业结构调整和升级，客观上对东部低端产业起到保护作用。

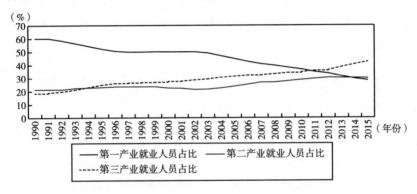

图 3 - 12　1990 ~ 2015 年三大产业就业人员占比情况

资料来源：根据国家统计局公布数据整理绘制，http：//www. stats. gov. cn；2017 - 8 - 19.

综上所述，流动人口对地区内的产业结构调整以及地区间产业转移的影响越来越明显，由于学界已有众多关于人口规模、人口抚养比、城镇化以及人力资本的研究，而二元劳动力对产业的影响机制尚未引起学者足够的重视，因此本书基于流动人口引发地区性别失衡的现实问题基础上，构建性别结构与产业发展演变的均衡模型，并利用计量模型对该理论模型进行了验证。

二、理论模型构建

基于事实分析和理论机制分析，吸取克鲁格曼（Krugman，1979）劳动力流动性对不同地区、不同劳动力类型，借鉴欧和汉德森（Au and Henderson，2006）城市理论模型的基础上进行扩展，构建了一个分地区的，含有两部门、考虑不同类型劳动力流动的城市模型，以论证劳动力流动、性别结构与区域产业发展演变的均衡模型。

（一）基本假设

考虑不同城市有不同类型的产业，对于 j 类型 i 城市产出表示为 Y_j^i，M_j^i 为 j 类型 i 城市当地生产者的最终产出，$g_j(x_1^i, x_2^i, \cdots, x_s^i)$ 表示中间未进行交易的中间商的投入，x_i 表示中间服务企业的产出，且在 i 城市中有 s^i 个这样的企业。假设企业同质。全要素生产率为 A^i，假设为希克斯中性（为简便以下省去 ij 上下标）。

$$Y_j^i = A^i f_i(M_j^i, g_j(s^i, x^i)) = A\, M^\gamma\, g^{1-\gamma} = A\, M^\gamma\, (s\, x^\rho)^{(1-\gamma)/\rho} \qquad (3-1)$$

其中：

$$x^i = x(k^i, l^i) = \delta\, k^\alpha\, l_1^\theta\, l_2^{1-\theta-\alpha} = \delta\, k^\alpha\, l_1^\theta\, (a\, l_1)^{1-\theta-\alpha} \qquad (3-2)$$

l_1：中间商企业中女性数量，l_2：中间商企业中男性数量；$\dfrac{l_2}{l_1} = a$。

$$M_j^i = M_j(K^i, L^i) = \varphi\, K^\beta\, L_1^\mu\, L_2^{1-\mu-\beta} = \varphi\, K^\beta\, L_1^\mu\, (b\, L_1)^{1-\mu-\beta} \qquad (3-3)$$

L_1：制造业中女性数量，L_2：制造业中男性数量；$\dfrac{L_2}{L_1} = b$。

两部门生产要素有如下关系：

$$(1+a)\, l_1 s + (1+b)\, L_1 = \bar{L} \qquad (3-4-1)$$

$$k s + K = \bar{K} \qquad (3-4-2)$$

把式（3-2）~式（3-4）代入式（3-1）：

$$Y_j^i = A\left[\varphi\, K^\beta\, L_1^\mu\, (b\, L_1)^{1-\mu-\beta} \right]^\gamma s\, \frac{1-\gamma}{\rho}\, \delta^{1-\gamma} \left(\frac{\bar{K}-K}{s} \right)^{\alpha(1-\gamma)} \times$$

$$\left[\frac{\bar{L}-(1+b)\, L_1}{(1+a)s} \right]^{\theta(1-\gamma)} \left[a\, \frac{\bar{L}-(1+b)\, L_1}{(1+a)s} \right]^{(1-\theta-\alpha)(1-\gamma)} \qquad (3-5)$$

相应求出 Y 关于 K，L 的一阶导：

$$K = \frac{\beta\gamma}{\alpha(1-\gamma)+\beta\gamma}\bar{K} \tag{3-6}$$

$$L_1 = \frac{\gamma(1-\beta)}{(1+a)(1+b)(1-\gamma)\left(1-\alpha-\theta+\dfrac{\theta}{1+a}\right)+(1-\beta)\gamma(1+b)}\bar{L} \tag{3-7}$$

相应可求出 k，l_1，b。

$$k = \frac{\alpha(1-\gamma)}{s[\alpha(1-\gamma)+\beta\gamma]}\bar{K} \tag{3-8}$$

$$l_1 = \frac{(1-\gamma)(1+a-\alpha-a\alpha-a\theta)+\gamma(1-\beta)-\alpha(1+\beta)}{(1+a)s[(1-\gamma)(1+a-\alpha-a\alpha-a\theta)+(1-\beta)\gamma]}\bar{L} \tag{3-9}$$

根据最优生产选择，生产函数的一般形式可写为：

$$Y_j^i = A^i f_i(\bar{K},l_1,L_1,a,b,s) \tag{3-10}$$

两部门厂商分别最大化自己的收益，相应可求出资本和劳动的边际报酬：

$$\max_{k,l_1} x_t^i - r_t k_t - w_{1,t} l_{1,t} - w_{2,t} a l_{1,t} \tag{3-11}$$

$$\max_{K,L_1} M_t^i - R_t K_t - W_{1,t} L_{1,t} - W_{2,t} b L_{1,t} \tag{3-12}$$

同部门中男女之间工资有如下关系：

$$w_1 = \delta(1-\alpha) a^{1-\alpha-\theta} k^\alpha l_1^{-\alpha} - a w_2 \tag{3-13}$$

$$W_1 = \varphi(1-\beta) b^{1-\beta-\mu} K^\beta L_1^{-\beta} - b W_2 \tag{3-14}$$

最优情况时：

$$a = \frac{1-\alpha-\theta}{\theta} \tag{3-15}$$

$$b = \frac{1-\mu-\beta}{\mu} \tag{3-16}$$

命题1：流动人口通过数量和性别结构两方面影响参与劳动的有效劳动力数量。

（二）人口流动的动机

由于性别不同，对于迁出原住地的决定的影响因素并不相同，五普、六普数据均显示女性迁出人口的数量要明显少于男性，女性对于社会网络（老乡介绍）的依赖也会大于男性，因此男女两类群体所对应的流动动机存在差异。同时，从工作性质考虑，流动人口中男性和女性的工作选择存在一定的差异，两者完成工作的质量存在差异，因而产出存在数量或质量的差异，并体现在不同产业不同工作的报酬上。

基于此，模型设定流动目的地居民的效用为 U，流出地居民的效用为 V，流动人口转移至目的地工作面临两部门的选择，得到不同的工资信号，制造业工资 W，中间服务业工资为 w。男女由于性别不同，对不同部门的选择面对的概率不同，假设男性选择制造业的概率为 η，中间服务业的概率则为 $1 - \eta$；相应女性选择两个部门的概率分别为 p，$1 - p$。

当存在流动利差时，劳动力发生流动，相应流动的成本为 C。因此流动的均衡条件应为：

$$\begin{cases} E\,U_w^i = pW_1 + (1 - p)\,w_1 \\ E\,U_m^i = \eta W_2 + (1 - \eta)\,w_2 \end{cases} \tag{3-17}$$

$$\begin{cases} V_m^j = V(K^j, l_1^j, L_1^j, a^j, b^j) \\ V_w^j = V(K^j, l_1^j, L_1^j, a^j, b^j) \end{cases} \tag{3-18}$$

$$EU_t^i - V_t^j = C(\dot{L}_t^i) \tag{3-19}$$

其中，$C(\dot{L}_t^i)$ 劳动力转移的成本和转入地的劳动力状况相关，$C' > 0$。这里把劳动力转移的成本看成是转移遇到的壁垒，包括生活成本和政府设置的行政壁垒（如户口）。成本和该区域劳动力的动态流入率相关，即 $\dot{L}_t^i \equiv \dfrac{dL_t^i}{dt} / L_t^i$。

命题 2：流动人口中性别差异会影响各地区劳动力组成，进而影响产出数量或质量。

三、本章小结

本章首先从中国人口变动趋势的差异化现象出发，基于数据描述揭示了劳动力流动、性别结构与产业结构升级之间存在的潜在关联。其次，结合理论，系统分析了经济集聚与产业结构升级，以及劳动力流动在二者关系中的影响机制，并提出通过劳动力流动解释性别结构影响产业结构的理论假说。进一步，本书建立了一个分地区、含有两部门、考虑不同类型劳动力流动的城市模型，构建了劳动力流动、性别结构与区域产业发展演变的动态分析框架，从理论层面阐述了劳动力流动、性别结构与产业发展之间的逻辑关系。

第四章 流动人口对行业性别结构的影响研究

一、流动人口影响行业性别结构的静态面板分析

（一）模型构建与变量选择

1. 模型构建。为初步检验劳动力转移对地区性别结构的影响，首先构建静态面板模型进行实证检验，根据理论模型主要变量，构建面板模型如下：

$$\ln ratio_{it} = \beta_0 \ln Mob_{it} + \beta_0 \ln Bir_{it} + \beta_0 \ln Der_{it} + Z\beta + \mu_i + \varepsilon_{it} \qquad (4-1)$$

式（4-1）中，$ratio_{it}$ 为 t 期 i 省的劳动力性别比例；Mob_{it}，Bir_{it}，Der_{it} 分别为流动人口、出生人口、死亡人口中的男女性别比；Z 为控制变量矩阵；β_0 和 β 为待估计系数，后者为参数向量；μ_i 为个体异质项的截距项；ε_{it} 为随个体和时间而改变的扰动项。

2. 变量选择。各地区产业发展水平数据来自《中国统计年鉴》和《中国城市统计年鉴》，书中的被解释变量为各行业中劳动力性别比例，为了研究不同流动人口对不同产业性别构成的冲击，本书根据国民经济行业分类标准

（GB/T 4754—2017）抽取了 20 个行业中的 11 个行业①2003～2012 年的数据，对 31 个省级面板（不包括港澳台地区）进行了分析。

　　劳动力性别分布状况以及劳动力流动的数据来自《中国劳动统计年鉴》《中国分县市人口统计资料》《全国暂住人口统计资料》以及国家统计局的相关统计年鉴。考虑影响各地区的劳动力组成的因素，把流动人口的性别比例、各省份的出生人口比例、死亡人口比例作为解释变量；把各行业的工资水平、各省份的城镇化水平、产业结构合理化程度以及人口抚养比纳入控制变量。考虑到时间因素和异方差，上述数据全部采用对数方法进行处理（见表 4 - 1 和表 4 - 2）。

（二）普通面板回归结果分析

　　1. 单位根检验。长期宏观经济变量经常存在单位根问题，为了防止"伪回归"，回归前需要对变量进行面板单位根检验。此部分依次使用 LLC 检验、IPS 检验以及 ADF - Fisher（Maddala and Wu，1999）检验方法，分别对样本数据进行面板单位根检验。LLC 和 IPS 检验考虑了界面异质性和干扰项的序列相关问题，允许固定效应的存在；IPS 的统计量是对单个截面执行 ADF 检验后得到的 t 值平均值；ADF - fisher 则以单个单位根检验的 P 值为基础构造统计量。检验的原假设为面板中的所有截面对应的序列都是非平稳的，如果检验结果在 5% 的显著性水平上拒绝原假设，说明其为平稳变量，不存在单位根。根据 AIC 准则，选择滞后阶数为 3。

　　面板单位根检验结果如表 4 - 3 所示，被解释变量和主要解释变量均为平稳序列，只有部分控制变量没有通过检验。城镇化水平指标没有通过 LLC 和 IPS 检验，但通过了 ADF - Fisher 检验，可以认为单位根问题并未影响本书研究的合理性。

---

　　①　由于数据可得性，选取行业分别是农林牧渔业（以下简称第一产业）；采矿业；制造业；电力、热力、燃气及水生产和供应业（以下简称电力等供应业）；建筑业；批发和零售业；交通运输、仓储和邮政业（以下简称交通运输业）；住宿和餐饮业；信息传输、软件和信息技术服务业（以下简称技术服务业）；金融业以及房地产业。

表4-1　产业区分的描述性统计

变量		定义（数据来源）	样本数
被解释变量	性别（ratio）	各行业劳动男女性别比（女=1）（中国劳动统计年鉴）	310
控制变量	工资水平（wage）	各行业平均劳动报酬（元）（中国劳动统计年鉴）	310

变量	第一产业				采矿业				制造业				电力、热力、燃气及水生产供应业			
	均值	标准差	最小值	最大值	均值	标准差	最小值	最大值	均值	标准差	最小值	最大值	均值	标准差	最小值	最大值
ratio	2.09	0.73	1.15	8.83	4.06	1.41	1.57	9.91	1.66	0.37	0.77	3.07	2.38	0.37	1.67	3.57
wage	15988	8580	4784	52939	32124	17212	8233	103785	23764	10691	8907	65032	37830	18197	12444	113596

变量	建筑业				批发零售业				交通运输、仓储邮政业				住宿餐饮业			
	均值	标准差	最小值	最大值	均值	标准差	最小值	最大值	均值	标准差	最小值	最大值	均值	标准差	最小值	最大值
ratio	6.06	2.10	2.01	14.68	1.23	0.22	0.72	2.18	2.61	0.55	1.13	4.43	0.83	0.22	0.40	2.43
wage	21958	1095	8228	69051	22825	13097	6071	91658	30598	13146	9310	75420	17136	6963	6207	42016

变量	信息传输、软件信息技术服务业				金融业				房地产业			
	均值	标准差	最小值	最大值	均值	标准差	最小值	最大值	均值	标准差	最小值	最大值
ratio	1.59	0.29	0.87	2.81	1.08	0.22	0.78	3.28	1.93	0.30	1.22	3.12
wage	41607	20180	12598	130154	46662	30113	12858	184612	25077	12739	8973	120379

表 4 - 2　　　　　　　　　省域区分的描述性统计

变量		定义 （数据来源）	样本数	均值	标准差	最小值	最大值
解释 变量	流动人口性别 结构（ Mob ）	各省域暂住人口中男女性别比 （女 =1）（全国暂住人口统计资料）	310	1.70	0.38	1.01	3.90
	出生人口性别 结构（ Bir ）	各省域人口中男女出生性别比 （女 =1）（中国分县市人口统计资料）	310	1.12	0.06	1.01	1.29
	死亡性别 结构（ Der ）	各省域人口中男女死亡性别比 （女 =1）（中国分县市人口统计资料）	310	1.32	0.12	1.07	1.80
控制 变量	人口迁入水平 （ Immi ）	各地区人口迁入率（%） （中国分县市人口统计资料）	310	16.34	8.97	5.99	92.66
	人口迁出 水平（ Emi ）	各地区人口迁出率（%） （中国分县市人口统计资料）	310	14.25	8.64	2.72	87.47
	城镇化水平 （ Urban ）	非农业人口占总人口比重（%） （中国分县市人口统计资料）	310	36.06	16.43	15.21	89.76
	产业结构合理 化（ Structure ）	第三产业占比（%） （中国统计年鉴）	310	40.85	8.03	28.30	76.46
	人口抚养比 （ Y & Aging ）	人口抚养比（%）（中国统计年鉴, 2010 年源于第六次人口普查数据）	310	36.17	7.71	17.30	57.60

表 4 - 3　　　　　　　　　面板单位根检验结果

变量	LLC（2002）		IPS（2003）		ADF – Fisher（1999）	
	统计量	结论	$t-bar$ 统计量	结论	$Chi2$ 统计量	结论
第一产业性别结构 （ lnratio 1 ）	- 13.79 (0.000)	平稳	- 1.92 (0.005)	平稳	250.28 (0.000)	平稳
采矿业性别结构 （ lnratio 2 ）	- 9.79 (0.000)	平稳	- 3.81 (0.000)	平稳	314.89 (0.000)	平稳
制造业性别结构 （ lnratio 3 ）	63.97 (1.000)	非平稳	8.47 (1.000)	非平稳	252.29 (0.000)	平稳
电力等供应业性别结构 （ lnratio 4 ）	- 31.47 (0.000)	平稳	- 6.62 (0.000)	平稳	274.85 (0.000)	平稳
建筑业性别结构 （ lnratio 5 ）	7.48 (1.000)	非平稳	- 0.16 (1.000)	非平稳	84.76 (0.029)	平稳
批发零售业性别结构 （ lnratio 6 ）	0.27 (0.908)	非平稳	- 1.924 (0.005)	平稳	279.43 (0.000)	平稳

续表

变量	LLC（2002）		IPS（2003）		ADF - Fisher（1999）	
	统计量	结论	$t-bar$ 统计量	结论	$Chi2$ 统计量	结论
交通运输业性别结构（lnratio 7）	-18.03 (0.000)	平稳	-4.39 (0.000)	平稳	88.16 (0.016)	平稳
住宿餐饮业性别结构（lnratio 8）	-12.75 (0.000)	平稳	-1.91 (0.005)	平稳	151.96 (0.000)	平稳
技术服务业性别结构（lnratio 9）	-3.96 (0.000)	平稳	-2.58 (0.000)	平稳	165.78 (0.000)	平稳
金融业性别结构（lnratio 10）	-59.65 (0.000)	平稳	-3.65 (0.000)	平稳	273.26 (0.000)	平稳
房地产业性别结构（lnratio 11）	-17.73 (0.000)	平稳	-2.75 (0.000)	平稳	80.23 (0.059)	非平稳
流动人口性别结构（lnMob）	-11.93 (0.000)	平稳	-2.66 (0.000)	平稳	154.33 (0.000)	平稳
出生人口性别结构（lnBir）	-5.27 (0.000)	平稳	-3.54 (0.000)	平稳	256.92 (0.000)	平稳
死亡性别结构（lnDer）	-23.91 (0.000)	平稳	-2.09 (0.001)	平稳	616.78 (0.000)	平稳
人口迁入水平（lnImmi）	-20.40 (0.000)	平稳	-1.96 (0.003)	平稳	91.05 (0.009)	平稳
人口迁出水平（lnEmi）	-13.07 (0.000)	平稳	-1.38 (0.385)	非平稳	350.26 (0.000)	平稳
第一产业工资水平（lnwage 1）	-8.39 (0.000)	平稳	-0.93 (0.945)	非平稳	323.89 (0.000)	平稳
采矿业工资水平（lnwage 2）	-76.22 (0.000)	平稳	-3.01 (0.000)	平稳	29.93 (0.999)	非平稳
制造业工资水平（lnwage 3）	-15.29 (0.000)	平稳	-4.62 (0.000)	平稳	111.6 (0.000)	平稳
电力等供应业工资水平（lnwage 4）	-0.37 (0.921)	非平稳	-0.65 (0.997)	非平稳	335.44 (0.000)	平稳
建筑业工资水平（lnwage 5）	-5.26 (0.000)	平稳	-4.36 (0.000)	平稳	27.17 (1.000)	非平稳
批发零售业工资水平（lnwage 6）	-14.64 (0.000)	平稳	-1.61 (0.098)	非平稳	69.59 (0.237)	非平稳
交通运输业工资水平（lnwage 7）	55.04 (1.000)	非平稳	1.62 (1.000)	非平稳	92.59 (0.007)	平稳

续表

变量	LLC（2002）		IPS（2003）		ADF – Fisher（1999）	
	统计量	结论	t – bar 统计量	结论	Chi2 统计量	结论
住宿餐饮业工资水平 （lnwage 8）	– 17. 59 （0. 000）	平稳	– 2. 07 （0. 001）	平稳	15. 99 （1. 000）	非平稳
技术服务业工资水平 （lnwage 9）	4. 08 （1. 000）	非平稳	– 1. 10 （0. 808）	非平稳	83. 80 （0. 034）	平稳
金融业工资水平 （lnwage 10）	– 15. 09 （0. 000）	平稳	– 1. 98 （0. 002）	平稳	199. 17 （0. 000）	平稳
房地产业工资水平 （lnwage 11）	– 16. 55 （0. 000）	平稳	– 8. 54 （0. 000）	平稳	113. 08 （0. 000）	平稳
城镇化水平 （lnUrban）	5. 25 （1. 000）	非平稳	0. 40 （1. 000）	非平稳	65. 66 （0. 351）	平稳
产业结构合理化 （lnStr）	– 3. 69 （0. 000）	平稳	– 1. 09 （0. 818）	非平稳	216. 45 （0. 000）	平稳
人口抚养比 （lnYA）	– 14. 60 （0. 000）	平稳	– 3. 86 （0. 000）	平稳	10. 23 （1. 000）	非平稳

注：三种检验的原假设是存在单位根，括号里为 P 值。

2. 回归结果分析。表 4 – 4 报告了流动人口影响 11 个行业中劳动力组成的基本回归结果。由于同一时期各个省份面临同样的宏观环境，扰动项之间可能存在同期相关，即截面相关的问题；又由于经济系统中变量的影响具有一定的惯性，可能存在变量的序列相关问题，因此，为了使模型回归结果更准确，通过豪斯曼检验选择使用固定效应模型后，本书进行了截面自相关和序列相关检验，根据皮尔森检验、弗里德曼检验以及伍德里奇检验的 P 值，确定面板数据是否存在截面相关性与序列相关性，通过检验发现数据存在序列相关的问题，而截面相关存在行业差异。根据不同检验结果，对模型选择不同标准误，通过假设检验的固定效应模型选取聚类稳健标准误，拒绝假设检验的固定效应模型选择德里斯科尔 – 克雷标准误，该标准误是由德里斯科尔和克雷（Discoll and Kraay，1998）提出的，缓解了模型的异方差、序列相关及截面相关的统计推断问题。

回归结果发现：其一，不同性别的流动人口对于就业的选择具有明显的产业特征。男性流动人口集聚于第一、第二产业，而女性则较偏向于第三产业。如表 4 – 4 回归结果所示，流动人口中男性占比上升，批发零售业、金融

表 4-4

流动人口影响劳动力市场性别结构的静态模型回归结果

lnratio		第一产业	采矿业	制造业	电力、热力、燃气及水生产供应业	建筑业	批发零售业	交通运输、仓储邮政业	住宿餐饮业	信息传输、软件信息技术服务业	金融业	房地产业
主要变量	lnMob	0.22*** (2.84)	0.08*** (2.96)	0.10** (2.15)	0.05 (0.66)	0.04 (0.91)	-0.18*** (-3.06)	0.17*** (2.64)	0.23** (2.04)	0.12** (2.72)	-0.14*** (-4.65)	-0.34*** (5.40)
	lnBir	-0.30 (0.85)	-0.12 (-0.34)	0.46** (2.10)	0.04 (0.19)	0.64*** (3.26)	0.15 (0.51)	0.41 (1.32)	0.08 (0.21)	-0.40*** (-3.96)	0.44*** (5.06)	0.22 (0.62)
	lnDer	0.23** (2.37)	-0.08 (-0.88)	-0.14 (-1.63)	-0.19** (2.48)	-0.21** (-2.47)	0.16 (1.37)	-0.07 (-0.59)	-0.18 (-1.21)	-0.11 (-0.91)	-0.11** (-2.51)	0.16 (1.17)
控制变量	lnwage	-0.22 (-1.20)	0.24*** (5.83)	0.18*** (10.30)	0.11*** (5.53)	0.20*** (7.34)	-0.07*** (-3.42)	0.10*** (3.88)	0.02 (0.52)	-0.16*** (-4.66)	-0.12*** (-24.18)	-0.05* (1.68)
	lnImmi	-0.08 (-1.36)	0.03 (0.46)	-0.01 (-0.30)	0.04 (1.03)	-0.10 (-1.62)	-0.02 (-0.52)	0.0014 (-0.03)	-0.01 (-0.12)	0.13*** (2.76)	-0.06** (-2.06)	-0.02 (0.34)
	lnEmi	0.14** (2.26)	-0.07 (-1.17)	-0.02 (-0.47)	-0.04 (1.56)	0.02 (0.25)	0.06 (1.37)	-0.03 (-0.51)	-0.06 (-0.77)	-0.06 (-1.35)	0.03 (0.92)	0.02 (0.44)
	lnUrban	-0.26 (-1.68)	0.11 (1.07)	0.0005 (-0.01)	0.11** (2.28)	0.18*** (6.07)	-0.12 (-1.47)	0.02 (0.19)	0.08 (1.17)	-0.34*** (-4.1)	-0.19*** (-5.46)	0.0023 (0.05)
	lnStr	-0.07 (0.60)	-0.27*** (-5.20)	-0.19** (-2.24)	-0.10 (1.22)	-0.27*** (-6.78)	0.02 (0.15)	-0.17 (-1.42)	0.14 (0.95)	0.17* (1.99)	0.06 (1.45)	-0.05 (0.45)
	lnYA	-0.06 (-0.65)	0.04 (0.46)	0.0037 (0.10)	0.07** (1.96)	0.15*** (7.40)	0.01 (0.21)	0.09* (1.74)	-0.05 (-0.75)	-0.04 (-1.05)	-0.05*** (-2.82)	0.02 (0.38)
	常数项	3.71* (2.00)	-0.55 (-0.85)	-0.66 (-1.52)	-0.49 (1.36)	-0.18 (-0.48)	1.19** (2.07)	0.11 (0.18)	-0.95 (-1.53)	2.65*** (1.90)	2.04*** (12.28)	1.30** (2.11)

续表

	第一产业	采矿业	制造业	电力、热力、燃气及水生产供应业	建筑业	批发零售业	交通运输、仓储邮政业	住宿餐饮业	信息传输、软件信息技术服务业	金融业	房地产业
面板效应 时间效应	控制 控制	控制 控制	控制 未控制	控制 未控制	控制 控制	控制 未控制	控制 未控制	控制 未控制	控制 控制	控制 控制	控制 未控制
R平方组内	0.1745	0.3289	0.5262	0.3560	0.2803	0.2046	0.1160	0.0596	0.2490	0.3924	0.0765
样本量	310	310	310	310	310	310	310	310	310	310	310
Hausman 检验	25.49 (0.0045)	15.61 (0.0754)	111.51 (0.000)	10.16 (0.3378)	17.99 (0.0353)	5.31 (0.8068)	25.75 (0.0022)	7.86 (0.5486)	37.20 (0.0000)	25.47 (0.0025)	14.46 (0.1068)
截面相关检验	接受原假设（采用聚类稳健标准误）	拒绝原假设（采用 Dris coll‑Kraay 标准误）	接受原假设（采用聚类稳健标准误）	接受原假设（采用聚类稳健标准误）	拒绝原假设（采用 Dris coll‑Kraay 标准误）	接受原假设（采用聚类稳健标准误）	接受原假设（采用聚类稳健标准误）	接受原假设（采用聚类稳健标准误）	拒绝原假设（采用 Dris coll‑Kraay 标准误）	拒绝原假设（采用 Dris coll‑Kraay 标准误）	接受原假设（采用聚类稳健标准误）

注：***、**、*分别表示1%、5%、10%水平上显著；固定效应模型括号中为 t 统计量；随机效应模型括号中为 z 统计量。

业以及房地产业中的男性劳动力占比下降，而第一、第二产业以及仓储邮政业、住宿餐饮业以及信息技术服务业中男性占比相对上升。从该结果可以看出，不同性别的流动人口就业选择具有差异，流动人口促进了第一、第二产业的男性劳动力增长，而女性劳动力则相对流向供给批发零售业、金融业以及房地产业。

其二，相较于流动人口，各省份中出生人口、死亡人口性别比例对劳动力中性别构成的影响并不具有明显的产业特征。出生人口中男性占比，与大部分行业中男性占比呈现正向关系；而死亡人口中，与大部分行业中男性劳动力占比呈现负相关。该结果符合现实预期，因为出生人口中男性增多，对当地各行业劳动力数量都起到了支持促进的作用；而死亡人口男性增多，也在一定程度上减少了劳动力池子当中男性基础数量。但统计结果大部分并不显著，说明出生率、死亡率面板数据存在的异质性问题比流动人口数据更明显，同时也说明流动人口对各地区劳动力组成的影响更为显著。

其三，观察控制变量，产业结构合理化程度和工资收入两个变量具有明显的产业特征。产业结构合理化程度升高会使第一和第二产业的男性占比（女性=1）降低，而增加第三产业的男性占比，说明产业结构合理化对男性劳动力向第三产业转移的引导作用，相对来说大于其对女性的引导力量。而观察收入变量，11个行业中工资收入的影响颇为显著，除了第一产业和住宿餐饮业的统计结果并不显著，其他9个行业中具有与产业结构指标相反的产业特征。如表4-4所示，工资收入上升提高了第二产业中男性占比增加；降低了第三产业中男性占比。该结果符合现实预期，因为工资在很大程度上是流动人口转移的风向标，对男女性的引导机制具有产业差异，即工资升高促进了男性向第二产业转移，刺激了第三产业中女性占比上升的趋势。

其他控制变量产业特征并不明显。首先，考察人口迁入率和迁出率。人口迁入和迁出水平对地区劳动力构成具有角力的作用：除了制造业和住宿餐饮业，其他9个行业中两者对劳动力的性别结构影响方向呈现反向关系，说明各地区劳动力储备呈现动态平衡状态，迁入迁出对本地区产业劳动力构成的影响具有相互缓冲的作用。其次，考察城镇化水平。城镇化水平促进了大部分行业男性占比增加，但只有电力等供应业以及建筑业统计结果显著；相对提高了信息技术服务业以及金融业中女性占比，统计结果显著。最后考察人口抚养比对各行业劳动力构成的影响，可以发现人口抚养比的增加，相应促使了电力等供应业、建筑业以及交通运输业的男性劳动力占比增加，金融业中女性劳动力占比增加。该结果说明，随着抚养比的增加，即适龄劳动力的减少，对各个行业的劳动力构成冲击并不一样，相应减少了第二产业女性劳动力占比和第三产业男性劳动力占比。

二、流动人口影响行业性别结构的动态面板分析

（一）模型构建与变量说明

在静态面板模型的基础上，进一步考虑各地区劳动力性别组成的滞后影响，将劳动力市场的性别组成一阶滞后作为解释变量，以劳动力流动的二阶滞后项作为工具变量代入系统 GMM 模型作进一步检验，模型为：

$$\ln ratio_{it} = \alpha_0 \ln ratio_{it-1} + \beta_0 \ln Mob_{it} + \beta_0 \ln Bir_{it} + \beta_0 \ln Der_{it}$$
$$+ Z\beta + \mu_i + \varepsilon_{it} \qquad (4-2)$$

其中，$\ln ratio_{it-1}$ 为劳动力市场性别结构的滞后一期项，其他参数含义以及变量选取参见上节静态模型。

（二）动态面板回归结果分析

由于差分 GMM 存在弱工具变量问题（Che et al.，2013），因此本部分运用系统 GMM 估计方法以提高估计的效率。回归结果和静态面板部分基本一致，但发现引入劳动力性别结构滞后项后，流动人口中男女分布对各地区劳动力结构影响效应的显著性明显下降，但流动人口对各地区劳动力的性别构成依然具有相似的产业特征。流动人口中男性占比增多促进了第一、第二产业中的男性占比，而流动人口增多相对增加了金融业和房地产业中的女性劳动力占比。同时，各地区产业中的劳动力分布具有惯性，即各行业中，前一期的劳动力组成增加了下一期中的男性劳动力占比，存在路径依赖的特征。

相比其他行业，制造业和信息技术服务业中，前一期男性劳动力占比显著促进下一期男性劳动力的占比增加，该估计结果在一定程度上，反映了各行业对男性劳动力的吸纳存在总量及惯性偏好的差异（见表4-5）。

另一方面，出生率和死亡率以及控制变量对劳动力分布的影响和上一节所得结论相似。但在动态方程中，估计的结果发现出生率和死亡率在制造业、建筑业以及金融业中结果显著，说明考虑长期因素后，增加了各地区出生人口和死亡人口对劳动力市场中男女性分布的影响作用。观察动态方程中的控制变量，工资的提高促进了第一、第二产业的男性劳动力占比以及第三产业中女性劳动力占比；各行业中人口流迁对劳动力市场中男女占比的角力作用仍然存在；城镇化水平、产业结构合理化程度以及人口抚养比对各行业的影响作用依然大于其他控制变量，但其产业特征变得较不明显，其原因主要是动态方程加入长期影响后，城镇化水平、产业结构合理化程度的提高以及人口抚养比的变化对各行业的影响趋同，因此控制变量对劳动力市场的结构影响，并没有静态方程中只考虑当期的结果具有明显产业特征。

三、分行业流动人口影响地区性别比例的空间效应分析

中国流动人口规模呈逐年递增的趋势增加，人口从西部向东部集聚，具有明显的空间集聚特征，流动人口的集聚效应具有明显的空间集聚特征。因此，实证检验部分，不仅要考虑理论分析的基本变量，还要对模型中空间效应进行考察。

（一）人口流动的空间效应

以上分析了中国流动人口对各省区性别构成的影响效应，但流动人口迁移路径存在明显的地区差异和空间集聚特征（孟向京，2008；曾明星，吴瑞君和张善余，2013；颜咏华和郭志仪，2015），因此对流动人口影响各地区产业中的性别结构进行空间效应考察，具有重要的现实意义。合理的人口分布是各国政府所追求的主要人口发展目标之一，但近年来随着性别失衡问题引

第四章　流动人口对行业性别结构的影响研究

— 57 —

表 4 - 5　流动人口影响劳动力市场性别结构的系统 GMM 动态模型回归结果

lnratio	第一产业	采矿业	制造业	电力、热力、燃气及水生产供应业	建筑业	批发零售业	交通运输、仓储邮政业	住宿餐饮业	信息传输、软件信息技术服务业	金融业	房地产业
$lnratio_{it-1}$	0.11 (0.53)	0.33 (0.87)	0.65*** (4.20)	0.33 (0.89)	0.29 (0.90)	0.42*** (4.44)	0.43 (1.26)	0.30* (1.87)	0.58*** (3.12)	0.19*** (2.95)	0.28* (1.67)
lnMob	0.27* (1.88)	-0.16 (-0.88)	0.10 (0.76)	0.17 (0.80)	-0.22 (-0.61)	0.09 (0.68)	0.19 (0.82)	0.30** (2.26)	0.08 (0.32)	-0.04 (-0.32)	-0.05 (-0.41)
lnBir	-1.14 (-1.44)	-0.07 (-0.05)	-0.48* (-1.75)	-0.48 (-0.83)	1.51 (1.36)	0.41 (0.81)	0.71 (0.98)	-1.02 (-1.30)	0.56 (0.55)	0.45 (0.93)	1.07 (0.84)
lnDer	0.23 (1.48)	-0.03 (-0.14)	0.02 (0.34)	-0.25* (-1.94)	-0.30*** (-2.50)	0.11 (0.73)	-0.10 (-0.49)	-0.23 (-1.28)	0.07 (0.34)	-0.27** (-2.06)	-0.08 (-0.47)
lnwage	0.02 (0.64)	0.11 (0.76)	0.06* (1.92)	0.09* (1.86)	0.14*** (2.62)	-0.06 (-1.91)	0.03 (1.15)	-0.05 (-1.03)	-0.11 (-1.23)	-0.03 (-0.87)	0.01 (0.33)
lnImmi	-0.16 (-0.90)	-0.08 (-0.58)	-0.04 (-0.53)	0.10 (1.08)	0.06 (0.51)	-0.09 (-0.85)	-0.03 (-0.48)	-0.04 (-0.43)	0.03 (0.32)	0.07 (0.92)	-0.03 (-0.29)
lnEmi	0.16 (1.17)	0.03 (0.36)	0.05 (0.62)	-0.08 (-1.22)	-0.08 (-0.88)	0.10 (0.75)	-0.03 (-0.37)	-0.05 (-0.56)	0.02 (0.17)	-0.11 (-1.46)	-0.0018 (-0.03)
lnUrban	-0.09 (-0.38)	-0.36* (-1.71)	-0.09 (-1.08)	0.17 (0.71)	0.23 (1.14)	-0.17 (-1.18)	0.20 (1.08)	0.47** (2.33)	-0.16 (-1.18)	-0.30*** (-4.25)	0.0007 (0.01)
lnStr	0.52** (2.07)	-0.04 (-0.03)	-0.05 (-0.33)	-0.16 (-0.70)	-0.33 (-0.72)	0.25 (1.22)	-0.35 (-1.02)	0.14 (0.37)	0.21 (0.64)	0.35** (2.49)	-0.06 (-0.21)
lnYA	0.01 (0.09)	-0.03 (-0.19)	0.03 (1.45)	0.10* (1.94)	0.07 (0.63)	-0.04 (-1.48)	0.05 (0.62)	-0.04 (-0.66)	-0.13** (-1.96)	0.0012 (0.02)	0.02 (0.37)
常数项	-1.32 (-1.03)	1.52 (0.46)	-0.05 (-0.07)	-0.77 (-0.71)	0.19 (0.09)	0.39 (0.57)	0.65 (0.43)	-1.33 (-0.89)	1.26 (0.73)	0.21 (0.29)	0.49 (0.51)

续表

	第一产业	采矿业	制造业	电力、热力、燃气及水生产供应业	建筑业	批发零售业	交通运输、仓储邮政业	住宿餐饮业	信息传输、软件信息技术服务业	金融业	房地产业
lnratio											
WaldChi2 (11) (P)	26.44 (0.0032)	39.57 (0.000)	331.66 (0.0000)	108.18 (0.0000)	119.30 (0.0000)	156.84 (0.0000)	97.39 (0.0000)	35.70 (0.0001)	161.05 (0.0000)	123.01 (0.0000)	31.90 (0.0004)
自相关性检验 (Arellano–Bond)	接受无自相关原假设	接受无自相关原假设	接受无自相关原假设	接受无自相关原假设	接受无自相关原假设	接受无自相关原假设	接受无自相关原假设	接受无自相关原假设	接受无自相关原假设	接受无自相关原假设	接受无自相关原假设
过度识别检验 (Sargan)	接受"所有工具变量有效"原假设	接受"所有工具变量有效"原假设	接受"所有工具变量有效"原假设	接受"所有工具变量有效"原假设	接受"所有工具变量有效"原假设	接受"所有工具变量有效"原假设	接受"所有工具变量有效"原假设	接受"所有工具变量有效"原假设	接受"所有工具变量有效"原假设	接受"所有工具变量有效"原假设	接受"所有工具变量有效"原假设
样本量	279	279	279	279	279	279	279	279	279	279	279

注：***、**、* 分别表示1%、5%、10%水平上显著，括号中为 z 统计量；WaldChi2 检验括号中为 P 值。

起的社会影响愈发严重，才逐步被政府当局所重视，然而现有研究仍缺乏性别结构经济影响的深入探讨。黄荣清（2005）指出，人口再分布的动力来源于产业的发展，"第二产业的郊区化和第三产业的中心区域化"。人口迁移流动的途径和经济产业细分和产业结构合理化息息相关（曾明星，吴瑞君和张善余，2013），人口迁移的同时具有显著的空间集聚效应，与各省区城市化水平呈现相类似的空间联系结构（颜咏华和郭志仪，2015）。流动人口中男性和女性对工作的选择具有明显的性别特征。随着人口的迁移，流动人口中的性别组成是否也具有空间效应，影响了各地区不同产业的劳动力组成，从而对产业的发展造成影响，本节对此问题进行了探讨。

如前所述，中国流动人口的性别构成具有明显的东西差异，为进一步考察上述统计性质，对2012年流动人口数据进行了莫兰检验，30个省份中大部分具有正向的空间集聚效应，且与莫兰散点图相匹配。散点图中胡焕庸线以西，热点区域集聚；胡焕庸线以东多数省份为冷点区域。即中国西部地区大部分流动人口呈现出较高比例的男性占比，而东部相对西部呈现出较高比例的女性占比。因此针对中国流动人口的性别分布特征，应进一步对其空间效应建立空间模型进行探究。

（二）空间相关性检验

判断人口流动是否存在空间联系，是应用空间计量模型的前提。如果数据存在空间自相关，则相近的位置具有相似的变量取值，同一类数值（高值与高值或低值与低值）聚集在一起则说明该变量具有"正空间相关"；反之，如果高值与低值聚集在一起则称为"负空间相关"；如果高值、低值随机分布，则不存在空间相关性。衡量空间自相关的方法主要有三种：莫兰指数 I（Moran's I）、吉尔里指数 C（Geary's C）以及 Getis - Ord 指数 G。

莫兰指数 I 是由莫兰（Moran，1948）提出的，反映了空间集聚现象以及邻近单元之间属性值的相似程度，能够判断区域属性值是否存在集聚、离散或随机分布，空间权重矩阵标准化的莫兰指数 I 形式为：

$$I = \frac{\sum_{i=1}^{n} \sum_{j=1}^{n} w_{ij}(x_i - \bar{x})(x_j - \bar{x})}{\sum_{j=1}^{n} (x_i - \bar{x})^2} \tag{4-3}$$

其中，n 为空间单元个数；x_i 为第 i 个空间单元的属性值；w_{ij} 为空间权重矩阵 w 中的 (i, j) 元素，用来度量区域 i 与区域 j 之间的距离。莫兰指数的取值范围为 $[-1, 1]$，取值为正则表示正自相关，高值与高值相邻或低值与低值相邻，指数越大，空间自相关性越强；指数取值为负，则表示区域间存在负的空间自相关性，指数绝对值越接近于 1，空间自相关程度越高。如果指数趋近于 0，则表示不存在空间自相关。

吉尔里指数 C 由吉尔里（Geary, 1954）提出。与莫兰指数 I 不同，吉尔里指数 C 的核心成分为 $(x_i - x_j)^2$，取值范围为 $[0, 2)$。其指数符号含义和莫兰指数相反，即大于 1 表示空间负相关；等于 1 表示不相关；小于 1 表示存在空间正相关。一般认为吉尔里指数比莫兰指数更敏感。但两者的共同缺点是无法识别"热点"（高值与高值集聚）、"冷点"（低值与低值集聚）区域。因此学者进一步对指数进行了改进。安瑟琳（Anselin, 1995）在莫兰指数基础上提出的莫兰散点图，利用四个象限代表不同的局部空间集聚形式。吉蒂斯和欧德（Getis and Ord, 1992）提出 Getis - Ord 指数 G：

$$G = \frac{\sum_{i=1}^{n} \sum_{j=1}^{n} w_{ij} x_i x_j}{\sum_{i=1}^{n} \sum_{j \neq i}^{n} x_i x_j} \tag{4-4}$$

其中，对任意 i，$x_i > 0$，其中空间权重矩阵并未标准化，所有元素为 0 或 1。因此如果是热点区域，即高值与高值聚集，则 G 较大；反之如果是冷点区域，低值与低值聚集，则 G 较小。在无空间自相关的原假设下，$E(G) = \dfrac{\sum_{i=1}^{n} \sum_{j \neq i}^{n} w_{ij}}{n(n-1)}$。如果 G 值大于此期望值，则说明存在热点区域；反之则存在冷点区域。

表 4-6 列示了中国 31 个省份 11 个行业中劳动力性别比例的 Moran 指数 I、Geary 指数 C 以及 Getis - Ord 指数 G。由于篇幅所限，此处仅抽取 2004 年、2008 年以及 2012 年的三类指标检验结果。从统计结果显著性来看，11 个行业中劳动

表 4 - 6

空间相关性检验

年份	第一产业 G&O's G	Moran's I	Geary's C	采矿业 G&O's G	Moran's I	Geary's C	制造业 G&O's G	Moran's I	Geary's C	电力、热力、燃气及水生产供应业 G&O's G	Moran's I	Geary's C	建筑业 G&O's G	Moran's I	Geary's C
2004	-0.022 (0.919)	0.832 (0.258)	0.159 (0.172)	-0.103 (0.492)	0.698 (0.162)	0.151 (0.437)	0.337*** (0.000)	0.542*** (0.009)	0.174* (0.055)	0.410*** (0.000)	0.544*** (0.001)	0.139** (0.049)	0.315*** (0.001)	0.514*** (0.004)	0.151 (0.282)
2008	0.011** (0.671)	0.933 (0.717)	0.164* (0.081)	0.012 (0.682)	0.677** (0.020)	0.153 (0.204)	0.531*** (0.000)	0.386*** (0.000)	0.171** (0.022)	0.458*** (0.000)	0.460*** (0.000)	0.141 (0.212)	0.383*** (0.000)	0.483*** (0.000)	0.151 (0.351)
2012	-0.065* (0.737)	0.883 (0.646)	0.150 (0.740)	-0.106 (0.505)	1.016 (0.909)	0.154 (0.104)	0.419*** (0.000)	0.490*** (0.000)	0.158 (0.176)	0.432*** (0.000)	0.512*** (0.001)	0.142 (0.200)	0.720 (0.104)	0.653*** (0.022)→0.154* (0.079)	0.147 (0.875)

年份	批发零售业 G&O's G	Moran's I	Geary's C	交通运输、仓储邮政业 G&O's G	Moran's I	Geary's C	住宿餐饮业 G&O's G	Moran's I	Geary's C	信息传输、软件技术服务业 G&O's G	Moran's I	Geary's C	金融业 G&O's G	Moran's I	Geary's C
2004	0.016 (0.640)	0.722 (0.131)	0.142 (0.805)	0.310*** (0.001)	0.451*** (0.004)	0.143 (0.417)	0.031 (0.531)	0.891 (0.587)	0.208 (—)	0.207** (0.027)	0.784 (0.143)	0.153 (0.267)	-0.001 (0.761)	0.645** (0.034)	0.164 (0.661)
2008	0.017 (0.636)	0.654** (0.040)	0.117 (0.397)	0.352*** (0.000)	0.441*** (0.002)	0.140 (0.137)	0.209*** (0.022)	0.485*** (0.003)	0.207 (—)	0.032 (0.535)	0.752 (0.162)	0.133 (0.210)	-0.017 (0.872)	0.512** (0.026)	0.027 (0.977)
2012	0.150* (0.087)	0.687* (0.059)	0.171 (0.618)	0.185** (0.043)	0.618** (0.016)	0.142 (0.394)	0.010 (0.641)	0.677 (0.224)	0.231 (—)	0.408*** (0.000)	0.627** (0.012)	0.153 (0.674)	0.012 (0.675)	0.653*** (0.022)	-0.589*** (0.006)

年份	房地产业 G&O's G	Moran's I	Geary's C
2004	0.237** (0.013)	0.722* (0.059)	0.157* (0.086)
2008	0.174** (0.055)	0.606** (0.013)	0.145 (0.837)
2012	0.089 (0.254)	0.823 (0.279)	0.146 (0.989)

注：***、**、*分别表示1%、5%、10%水平上拒绝无空间自相关的原假设，括号中为 P 值。

— 61 —

力性别结构统计结果显著，说明劳动力性别结构的空间相关性明显，其中第一产业、采矿业 3 个指标检验结果呈现较大差异：首先，不同于其他行业，第一产业和采矿业都呈现空间负相关性；其次，第一产业的 Moran's I 和 Geary's C 指数空间相关性检验结果不一致；采矿业中三个指标的空间相关性统计结果虽然方向一致，但只有 2008 年的 Geary's C 指数统计结果显著。主要原因可能是，随着科技的进步，教育投入增加，产业中的性别特征存在淡化的趋势，但相较于其他行业，第一产业和采矿业对劳动力的需求仍然存在明显的性别特征，因此各地区的差异水平较小，造成了统计结果不明显的问题。同时随着对男性劳动力的需求增加，也有可能挤占了相邻地区男性劳动力的供给，因而出现负的空间相关性特征。

表 4 - 7 列示了中国 31 个省份 11 个行业中流动人口、出生人口以及死亡人口中性别比例的 Moran 指数 I、Geary 指数 C 以及 Getis - Ord 指数 G。经检验，各省份的流动人口以及出生人口性别结构的空间相关性明显，而死亡人口三大指数的差异较明显，统计结果大部分不显著。原因可能是，死亡人口性别结构的主要影响因素单一，即生理原因，并不存在明显的性别差异，进而各地区间的空间相关性差异较小。

表 4 - 7　　　　　　　　　　空间相关性检验

年份	lnMob			lnBir			lnDer		
	Moran's I	Geary's C	G&O's G	Moran's I	Geary's C	G&O's G	Moran's I	Geary's C	G&O's G
2004	0. 268 *** (0. 0005)	0. 561 ** (0. 020)	0. 160 (0. 170)	0. 374 *** (0. 000)	0. 652 ** (0. 030)	0. 180 *** (0. 001)	0. 128 (0. 140)	0. 661 ** (0. 018)	0. 148 (0. 822)
2008	0. 351 *** (0. 000)	0. 538 ** (0. 011)	0. 161 * (0. 094)	0. 416 *** (0. 000)	0. 541 *** (0. 001)	0. 171 *** (0. 010)	0. 249 *** (0. 010)	0. 514 *** (0. 001)	0. 151 (0. 481)
2012	0. 294 *** (0. 002)	0. 587 ** (0. 017)	0. 154 (0. 309)	0. 436 *** (0. 000)	0. 381 *** (0. 000)	0. 166 * (0. 056)	- 0. 060 (0. 810)	0. 954 (0. 734)	0. 151 (0. 544)

注：*** 、** 、* 分别表示 1%、5%、10% 水平上拒绝无空间自相关的原假设，括号中为 P 值。

鉴于上述空间相关性检验结果，各省域各行业中劳动力性别结构、流动人口性别结构都具有显著的空间相关性，因而在实证过程中考虑流动人口与区域劳动力构成的空间相关性是必要的，否则将存在回归偏差（Anselin，1988）。

图 4-1 给出了 2004 年、2008 年以及 2012 年的流动人口性别构成莫兰指数散点图，图中第一象限为 HH 型地区，即热点区域，本区域和其相关区域观测值都较大；第二象限为 LH 区域，即存在空间负相关，本区域观测值较小，但其相关区域具有较大观测值；第三象限为 LL 区域，即冷点区域，本区域和其相关区域观测值都较小；第四象限为 HL 区域，情况和第二象限相反，本区域观测值较大，相关区域观测值较小，具有空间负相关性。

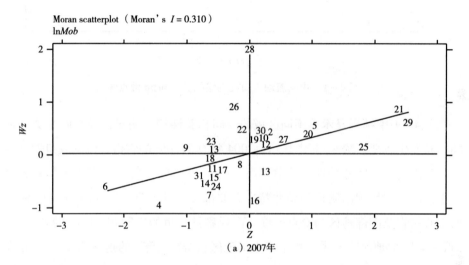

（a）2007年

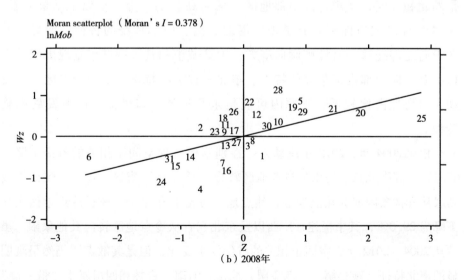

（b）2008年

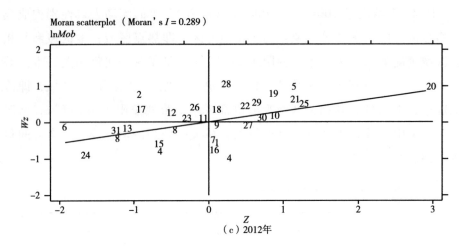

图 4-1　中国流动人口性别结构的 Moran 散点图

图 4-1 中结果显示，不同区域的空间相关性特征明显，且空间相关特征随时间发生改变。表 4-8 中显示，2004 年有 71.0% 的省份，流动人口性别结构表现出正的空间相关性，其中"高-高"和"低-低"空间集聚形式各占一半，散点图呈现出明显的南北特征，北部多为热点区域（东北三省除外），而东北三省及南部地区为冷点区域。而观察具有负的空间相关特征的省份中，"低-高"的地区有 6 个，集中于中部地区；"高-低"的地区有 2 个，分别是湖北和江西，呈现包围中部地区"低-高"的特点。从以上结果来看，2004 年流动人口性别差异呈现出南北分离、中部环绕的特征，即男性倾向于向北部迁移，女性则倾向南方，中部城市和其外围城市呈现出流动人口中女性向中部内部集聚的特点。东北三省情况特殊，处于冷点区域，流动人口男性占比较低，其原因可能是东北三省人口外流，产业发展面临转型。

相比 2004 年，2012 年流动人口性别结构呈现空间正相关的省份下降至 67.7%，其中北京、河南从热点地区转为"低-高"省区，辽宁、陕西以及新疆从其他象限变为热点地区，热点地区占比上升为 38.7%；冷点地区占比下降为 29.0%，其中福建、广西以及东北三省从冷点地区转向其他象限。虽然从 2004~2012 年，空间正相关的省份发生变化，但是其散点图仍然呈现明显的南北特征。观察第二、四象限，北京、河南、吉林和四川属于"低-高"

地区；安徽、福建、广西和江西属于"高－低"地区。相较于 2004 年空间散点图，2012 年流动人口性别构成仍然具有南北分离的特征，但环形特征向两端分散（见表4－8）。

表4－8　　　　　　　各省份流动人口性别结构的空间集聚形式

省份	2004 年	2008 年	2012 年	省份	2004 年	2008 年	2012 年
安徽	L－H	H－L	H－L	吉林	L－L	L－H	L－H
北京	H－H	L－H	L－H	辽宁	L－L	L－H	H－H
重庆	L－H	H－L	L－L	内蒙古	H－H	H－H	H－H
福建	L－L	L－L	H－L	宁夏	H－H	H－H	H－H
甘肃	H－H	H－H	H－H	青海	H－H	H－H	H－H
广东	L－L	L－L	L－L	陕西	L－H	H－H	H－H
广西	L－L	L－L	H－L	山东	L－L	L－L	L－L
贵州	L－L	H－L	L－L	上海	L－L	L－L	L－L
海南	－	－	－	山西	H－H	H－H	H－H
河北	H－H	H－H	H－H	四川	L－L	L－H	L－H
黑龙江	L－L	L－H	－	天津	H－H	L－L	H－H
河南	H－H	H－H	L－H	新疆	L－H	H－H	H－H
湖北	H－L	L－L	L－L	西藏	H－H	H－H	H－H
湖南	L－L	L－L	L－L	云南	H－H	H－H	H－H
江苏	L－L	L－L	L－L	浙江	L－L	L－L	L－L
江西	H－L	L－L	H－L				

（三）模型构建与变量选择

本书根据国家电子地图 31 个省份的地理位置信息，通过 GeoDa 软件计算出空间权重矩阵，经过 Hausman 检验，对不同行业采取随机效应的空间杜宾模型、固定效应空间杜宾模型以及动态空间杜宾模型。动态空间模型中，每个空间单位在不同时间的观察值存在序列相关性，每个时间在不同空间也存在空间依赖，评估不可预测的特定时间和空间效应以及解释变量的内生性。因此把式（4－5）纳入空间模型后，其模型形式如下：

$$
\begin{cases}
Y_t^i = \tau Y_{t-1}^i + \rho w_i' Y_t^i + x_t^{i'}\beta + d^{i'} X^i \delta + u_i + \gamma_i + \varepsilon_{it} \\
\varepsilon_{it} = \lambda m^{i'} \varepsilon_i + v_{it}
\end{cases}
\tag{4-5}
$$

式（4-5）中，Y_{t-1}^i 是被解释变量 Y_t^i 的时间一阶滞后，$\rho w_i' Y_t^i$ 是被解释变量的空间滞后项，$d^{i'} X^i \delta$ 表示解释变量的空间滞后，$d^{i'}$ 为相应空间权重矩阵 D 的第 i 行；γ_i 为时间效应；$m^{i'}$ 为扰动项空间权重矩阵 M 的第 i 行。由于选择空间杜宾模型，所以 $\lambda = 0$。如果 u_i 与 x'_{it} 无关，且不考虑动态过程，则模型为随机效应模型。

（四）空间面板回归结果分析

表 4-9 报告了 11 个行业中劳动力性别结构与地区中人口出生性别比、死亡性别比以及流动人口性别比的相关系数。从横截面的统计性质可以看出，人口出生性别比和流动人口性别比对各地区劳动力性别结构起到了显著影响；行业不同，对劳动力性别构成的推-拉作用也不相同。因此本部分采用空间面板模型对 11 个行业中流动人口性别结构对各地区不同行业中劳动力性别构成产生的冲击进行了分析。

为了使模型估计结果更稳健，使用空间 Hausman 检验在随机效应和固定效应之间进行选择，估计值为负，则接受原假设采用随机效应模型，反之则选择空间和时间固定效应模型。从表 4-10 中 SDM 模型回归结果可以看出：第一产业、电力等供应业、批发零售业、交通运输业以及住宿餐饮业 5 个行业的空间自回归系数在 5% 的水平上回归结果显著，存在显著的全局自相关性。说明各省区的劳动力构成受到其本身性别结构的显著影响，部分行业性别比例的滞后项对本期男性占比起到了引致提升的作用，而供应业和餐饮业前期男性占比的升高会降低本期男性劳动力的占比。

表 4-10 中流动人口对各地区各行业劳动力性别比例的影响大于出生人口和死亡人口。11 个行业中除了采矿业、建筑业以及信息技术服务业，其他行业中流动人口的系数统计结果显著。流动人口在第一产业、制造业、电力等供应业、交通运输业以及住宿餐饮业的方程中得到的系数显著为正，批发零售业、金融业以及房地产业中流动人口的系数显著为负。该结果说明，流动

表 4 - 9　影响地区性别结构因素 Pearson 相关系数矩阵

变量	第一产业	采矿业	制造业	电力、热力、燃气及水生产供应业	建筑业	批发零售业	交通运输、仓储邮政业	住宿餐饮业	信息传输、软件信息技术服务业	金融业	房地产业	lnBir	lnDer	lnMob
	lnratio	lnratio	lnratio	lnratio	lnratio	lnratio	lnratio	lnratio	lnratio	lnratio	lnratio			
lnratio	1.0000	1.0000	1.0000	1.0000	1.0000	1.0000	1.0000	1.0000	1.0000	1.0000	1.0000			
lnBir	-0.2783 (0.0000)	-0.0246 (0.6660)	-0.3090 (0.0000)	-0.1999 (0.0004)	0.4389 (0.0000)	0.1250 (0.0277)	-0.0883 (0.1209)	-0.2445 (0.0000)	0.2291 (0.0000)	0.2004 (0.0004)	0.3589 (0.0000)	1.0000		
lnDer	-0.2020 (0.0000)	0.1040 (0.0664)	-0.2580 (0.0000)	-0.2864 (0.0000)	-0.798 (0.1611)	0.0582 (0.3069)	-0.1182 (0.0375)	-0.3347 (0.0000)	-0.2133 (0.0002)	-0.0574 (0.3137)	-0.0343 (0.5472)	0.0843 (0.1390)	1.0000	
lnMob	0.1278 (0.0244)	0.0510 (0.3700)	0.5450 (0.0000)	-0.2949 (0.0000)	-0.4002 (0.0000)	-0.0015 (0.9796)	-0.2891 (0.0000)	-0.0342 (0.5482)	-0.2091 (0.0002)	0.1038 (0.0680)	-0.4890 (0.0000)	-0.2530 (0.0000)	0.1990 (0.0004)	1.0000

注：括号中为 P 值。

表4-10 流动人口影响劳动力组成的空间杜宾模型回归结果

	lnratio	第一产业 (FE)	采矿业 (RE)	制造业 (RE)	电力、热力、燃气及水生产供应业 (FE)	建筑业 (FE)	批发零售业 (RE)	交通运输仓储邮政业 (RE)	住宿餐饮业 (RE)	信息传输、软件信息技术服务业 (RE)	金融业 (RE)	房地产业 (RE)
主要解释变量	lnMob	0.18*** (2.67)	0.05 (0.52)	0.12*** (2.75)	0.11*** (3.39)	0.08 (0.89)	-0.18*** (-3.27)	0.10* (1.65)	0.20*** (2.75)	-0.03 (-0.22)	-0.17* (-1.80)	-0.33*** (-4.17)
	lnBir	-0.35 (-1.07)	-0.11 (-0.21)	0.54** (2.53)	-0.10 (-0.62)	0.50 (1.21)	0.11 (0.44)	0.43* (1.81)	-0.15 (-0.43)	-0.01 (-0.03)	0.17 (0.59)	-0.04 (-0.10)
	lnDer	0.36*** (3.09)	0.30* (1.90)	-0.21** (-2.10)	-0.18** (-2.52)	0.12 (0.67)	0.22* (1.68)	-0.11 (-0.73)	-0.04 (-0.26)	-0.12 (-0.82)	-0.11 (-1.06)	0.28* (1.78)
	lnwage	-0.10 (-0.69)	0.12* (1.69)	0.09** (1.98)	-0.02 (-0.70)	0.08 (1.45)	-0.04 (-1.03)	0.19*** (3.96)	0.13* (1.90)	0.10* (1.86)	-0.12** (-2.69)	-0.08** (-1.96)
	lnImmi	-0.10* (-1.77)	0.0014 (0.01)	-0.02 (-0.54)	0.02 (0.62)	-0.02 (-0.24)	-0.0027 (-0.06)	0.004 (0.08)	0.04 (0.66)	0.07 (0.97)	-0.01 (-0.03)	0.02 (0.40)
	lnEmi	0.16*** (2.69)	0.02 (0.17)	-0.0001 (-0.00)	-0.01 (-0.20)	-0.06 (-0.87)	0.04 (1.06)	-0.04 (-0.91)	-0.10* (-1.80)	-0.03 (-0.56)	-0.02 (-0.46)	-0.01 (-0.25)
控制变量	lnUrban	-0.23 (-1.38)	-0.18 (-1.23)	0.01 (0.11)	-0.06 (-1.00)	0.10 (0.63)	-0.17* (-1.89)	0.12* (1.69)	0.02 (0.22)	-0.05 (-0.70)	-0.18** (-2.10)	-0.05 (-0.60)
	lnStr	-0.02 (-0.16)	0.28 (0.80)	-0.15** (-1.94)	-0.11* (-1.75)	-0.40** (-2.52)	0.08 (0.64)	-0.15 (-1.12)	0.06 (0.49)	-0.09 (-0.63)	0.17* (1.79)	-0.05 (-0.39)
	lnYA	-0.12 (-1.4)	0.34** (2.29)	-0.06 (-0.97)	0.02 (0.40)	0.01 (0.07)	0.07 (0.94)	-0.03 (-0.38)	-0.02 (-0.26)	-0.10 (-0.79)	-0.01 (-0.16)	0.04 (0.61)
	常数项	—	-2.22* (-1.95)	0.24 (0.44)	—	—	0.79 (1.23)	-0.86 (-0.84)	-1.46* (-1.92)	0.41 (0.40)	1.96*** (5.94)	1.79** (2.13)
滞后解释变量	lnMob	0.16 (1.37)	0.02 (0.08)	0.0011 (0.01)	-0.02 (-0.31)	0.10 (0.56)	0.02 (0.23)	0.06 (0.47)	-0.09 (-0.59)	0.07 (0.55)	0.22* (1.71)	-0.01 (-0.09)
	lnBir	0.92 (1.09)	1.73** (2.02)	-0.85** (-2.10)	-0.32 (-1.05)	-0.07 (-0.09)	-0.42 (-0.93)	-0.01 (-0.02)	-0.55 (-0.92)	1.07* (1.88)	-0.60 (-1.02)	0.35 (0.52)

续表

lnratio	第一产业 (FE)	采矿业 (RE)	制造业 (RE)	电力、热力、燃气及水生产供应业 (FE)	建筑业 (FE)	批发零售业 (RE)	交通运输仓储邮政业 (RE)	住宿餐饮业 (RE)	信息传输、软件信息技术服务业 (RE)	金融业 (RE)	房地产业 (RE)
lnDer	-0.03 (-0.23)	0.31 (0.90)	0.44*** (2.63)	0.10 (0.77)	-1.09*** (-3.34)	-0.19 (-0.73)	0.05 (0.23)	-0.62** (-2.49)	-0.10 (-0.43)	-0.26 (-1.50)	-0.33 (-1.11)
lnwage	0.15*** (2.59)	0.13* (1.80)	0.09* (1.81)	0.21*** (5.80)	0.21*** (2.82)	-0.04 (-1.01)	-0.15*** (-2.91)	-0.11* (-1.70)	-0.29*** (-5.38)	0.03 (0.78)	0.03 (0.65)
lnImmi	-0.06 (-0.45)	-0.29* (-1.73)	-0.11 (-1.33)	0.004 (0.06)	0.17 (1.01)	-0.002 (-0.02)	-0.01 (-0.09)	0.06 (0.51)	0.04 (0.35)	0.05 (0.83)	-0.02 (-0.14)
lnEmi	0.08 (0.66)	0.47*** (3.04)	0.08 (1.01)	0.04 (0.68)	-0.09 (-0.60)	0.14 (0.15)	-0.01 (-0.15)	-0.14 (-1.28)	-0.09 (-0.98)	-0.11* (-2.02)	-0.05 (-0.47)
lnUrban	0.14 (0.50)	0.12 (0.62)	-0.26* (-1.92)	0.07 (0.53)	-0.01 (-0.02)	019** (1.95)	0.26** (2.08)	0.12 (1.05)	0.005 (0.04)	-0.006 (-0.07)	0.12 (0.88)
lnStr	0.18 (0.74)	0.11 (0.45)	-0.04 (-0.34)	0.31*** (2.76)	0.32 (1.08)	-0.10 (-0.66)	0.05 (0.36)	0.24 (1.41)	0.79*** (4.68)	-0.19* (-1.72)	-0.19 (-1.16)
lnYA	0.04 (0.32)	-0.61*** (-4.01)	0.07 (1.05)	0.11** (2.04)	0.29** (2.09)	-0.05 (-0.57)	0.14 (1.45)	0.04 (0.34)	-0.03 (-0.24)	0.04 (0.57)	0.03 (0.37)
空间自回归系数 rho	0.1585***	-0.1068	0.0610	-0.3825***	0.0951	0.2183***	0.0958	-0.1218**	0.1041	0.0289	-0.0225
时间效应 Y/N	Y	N	N	Y	Y	N	N	N	N	N	N
空间效应 Y/N	Y	Y	Y	Y	Y	Y	Y	Y	Y	Y	Y
R²组内	0.1277	0.3582	0.5600	0.4199	0.3472	0.2266	0.1261	0.0805	0.3728	0.3852	0.1087
样本量 Obser	310	310	310	310	310	310	310	310	310	310	310
Hausman检验 chi2(9)	34.05 (0.000)	-62.00	2.18 (0.988)	32.08 (0.000)	31.78 (0.000)	13.94 (0.1246)	12.15 (0.2047)	-23.89	-74.75	15.01 (0.1006)	8.93 (0.4439)

注：***、**、* 分别表示1%、5%、10%水平上拒绝无空间自相关的原假设，括号中为P值。

— 69 —

人口促进了第一、第二产业以及部分第三产业中男性占比的增加，促进了大部分第三产业女性就业的增加。从控制变量的回归结果来看，工资提高促进了男性劳动力向制造业、交通运输业、住宿餐饮业以及信息技术服务业转移，促进了女性劳动力在金融业和房地产业的就业。人口迁入和迁出对各行业劳动力组成比例的影响统计性质并不显著，但观察大部分统计结果可以发现人口迁入增加了男性劳动力的占比水平，迁出则相对降低了男性劳动力在行业中的集聚水平。城镇化水平、产业结构合理化以及人口抚养比对各行业劳动力影响结果的统计性质大部分并不显著，但是观察其滞后解释变量可以发现，统计结果显著的行业增多，说明城镇化水平、产业结构的成熟度以及人口抚养比等经济环境因素对男女性劳动力的影响，短期并不显著，但长远具有明显的调节作用。但表4-10中对 SDM 估计得到的系数并不能正确反映解释变量对被解释变量的影响，要通过直接效应、间接效应以及总效应来反映流动人口对各地区各行业劳动力的影响。

从直接效应来看，和 SDM 直接回归结果一致，流动人口对各行业劳动力构成的统计结果依然显著。说明流动人口对本地区各行业的劳动力组成影响显著，流动人口增加促使男性向第一、第二产业集聚，女性劳动力向第三产业转移。工资指标上升提高了本地区大部分行业中的男性劳动力占比，但并没有呈现静态回归模型中明显的产业差异特征。说明考虑了空间效应后，工资对本地区各行业劳动力的分配作用存在显著影响，增加了大部分行业中男性的占比，但产业差异减弱。其次，人口迁入也增加大部分产业的男性占比，人口迁出降低了大部分产业的男性占比，但两者之间的角力作用存在差异，该差异是导致流动人口影响本地区男女劳动力行业差异的主要来源之一。考虑了空间因素后，可以发现经济环境指标的产业特征明显，城镇化水平提高对提高本地区女性劳动力占比的促进作用要显著于对男性的引致作用，说明经济环境的改善对男女性吸引程度存在差异，女性劳动力在选择流动时，相比男性更受该地区城镇化水平的影响。而产业完善程度提高，第一、第二产业的男性劳动力占比下降，金融业的男性劳动力占比提升。人口抚养比增加，第二产业的男性劳动力增加，第一、第三产业的男性劳动力占比降低。说明经济环境对男女性劳动力的差异也导致了不同行业男女性占比的平衡水平。

从间接效应看，流动人口对相邻地区的影响结果显著性大幅下降。只有金融业中统计结果显著，流动人口增加促进了相邻地区金融业中男性劳动力的增加。但相比流动人口的统计结果，本地区出生人口和死亡人口对相邻地区的影响统计结果大幅增加，说明相对于流动人口的动态变化过程，一个地区出生人口和死亡人口的影响机制则从长期对各地区性别结构进行调整。

四、本章小结

因此，从表 4 - 11 的结果可以看出，流动人口的空间效应明显，且随着流动人口的增加，对不同行业的劳动力性别比"推—拉"作用明显，造成了不同地区、不同行业中男女性别组成的差异。如，在第一产业、制造业、电力等供应业、交通运输业以及住宿餐饮业中，随着地区间流动人口的变化，男性劳动力供给有增加的趋势；而在批发零售业、金融业以及房地产业当中，女性劳动力的增长水平超过男性劳动力。而流动人口的这种"推—拉"作用是否对当地经济产生了积极效应，应进一步对劳动力性别结构影响经济的模型进行分析。

表4—11　　流动人口影响劳动力组成的空间结果效应分解

被解释变量	第一产业 (FE)	采矿业 (RE)	制造业 (RE)	电力、热力、燃气及水生产供应业 (FE)	建筑业 (FE)	批发零售业 (RE)	交通运输、仓储邮政业 (RE)	住宿餐饮业 (RE)	信息传输、软件信息技术服务业 (RE)	金融业 (RE)	房地产业 (RE)
	直接效应										
lnMob	0.19*** (2.75)	0.05 (0.53)	0.13*** (2.71)	0.11*** (3.20)	0.08 (0.94)	−0.18*** (−3.24)	0.10* (1.65)	0.21*** (2.70)	−0.02 (−0.17)	−0.17* (−1.72)	−0.32*** (−1.04)
lnBir	−0.32 (−1.06)	−0.17 (−0.33)	0.52** (2.51)	−0.08 (−0.52)	0.48 (1.21)	0.08 (0.34)	0.42* (1.81)	−0.15 (−0.44)	0.0019 (0.01)	0.15 (0.55)	−0.05 (−0.15)
lnDer	0.38*** (3.36)	0.31** (2.02)	−0.19** (−2.05)	−0.18** (−2.52)	0.12 (0.68)	0.23* (1.82)	−0.10 (−0.68)	−0.01 (−0.06)	−0.11 (−0.81)	−0.10 (−1.02)	0.29* (1.92)
lnwage	−0.10 (−0.78)	0.11 (1.13)	0.09** (2.07)	−0.04 (−1.22)	0.08 (1.55)	−0.04 (−1.19)	0.19*** (4.12)	0.13** (1.96)	0.09* (1.84)	−0.13*** (−2.84)	−0.08 (−1.41)
lnImmi	−0.11* (−1.92)	0.01 (0.12)	−0.02 (−0.62)	0.02 (0.61)	−0.02 (−0.21)	0.00 (−0.06)	0.004 (0.08)	0.04 (0.64)	0.08 (1.09)	−0.01 (−0.30)	0.03 (0.44)
lnEmi	0.17*** (2.81)	0.0043 (0.05)	0.0022 (0.07)	−0.01 (−0.28)	−0.06 (−0.88)	0.04 (1.13)	−0.04 (−1.21)	−0.10* (−1.72)	−0.03 (−0.58)	−0.02 (−0.45)	−0.01 (−0.29)
lnUrban	−0.24 (−1.42)	−0.18 (−1.17)	0.0047 (0.07)	−0.08 (−1.03)	0.10 (0.60)	−0.16* (−1.77)	0.13* (1.74)	0.01 (0.16)	−0.05 (−0.72)	−0.18* (−1.92)	−0.06 (−0.67)
lnStr	−0.01 (−0.13)	0.29 (0.83)	−0.15** (−2.01)	−0.13** (−2.13)	−0.40*** (−2.59)	0.07 (0.60)	−0.15 (−1.08)	0.06 (0.52)	−0.07 (−0.53)	0.16* (1.765)	−0.05 (−0.42)
lnYA	−0.11 (−1.5)	0.37** (2.44)	−0.05 (−0.89)	0.01 (0.30)	0.02 (0.21)	0.07 (1.00)	−0.02 (−0.29)	−0.01 (−0.19)	−0.09 (−0.75)	−0.0036 (−0.05)	0.04 (0.66)

续表

间接效应

被解释变量	第一产业 (FE)	采矿业 (RE)	制造业 (RE)	电力、热力、燃气及水生产供应业 (FE)	建筑业 (FE)	批发零售业 (RE)	交通运输、仓储邮政业 (RE)	住宿餐饮业 (RE)	信息传输、软件信息技术信息服务业 (RE)	金融业 (RE)	房地产业 (RE)
lnMob	0.20 (1.63)	-0.0002 (0.00)	0.0057 (0.06)	-0.04 (-0.83)	0.11 (0.63)	-0.03 (-0.36)	0.07 (0.54)	-0.10 (-0.83)	0.07 (0.36)	0.21* (1.72)	-0.01 (-0.06)
lnBir	0.98 (1.09)	1.61 (1.57)	-0.81* (-1.85)	-0.22 (-0.92)	-0.03 (-0.04)	-0.48 (-0.90)	0.07 (0.08)	-0.44 (-0.77)	1.19* (1.87)	-0.53 (-0.86)	0.35 (0.55)
lnDer	0.03 (0.20)	0.23 (1.03)	0.42** (2.43)	0.13 (1.17)	-1.12*** (-3.12)	-0.18 (-0.63)	0.04 (0.22)	-0.57** (-2.41)	-0.14 (-0.43)	-0.27 (-1.63)	-0.33 (-1.14)
lnwage	0.16* (1.68)	0.12 (1.30)	0.10** (2.25)	0.17*** (5.37)	0.22*** (3.17)	-0.05 (-1.47)	-0.13* (-1.68)	-0.11* (-1.70)	-0.30*** (-3.44)	0.03 (0.74)	0.03 (0.67)
lnImmi	-0.09 (-0.84)	-0.27** (-1.99)	-0.11 (-1.32)	-0.04 (-0.08)	0.16 (0.96)	0.0022 (0.02)	-0.02 (-0.15)	0.05 (0.45)	0.05 (0.30)	0.05 (0.83)	-0.02 (-0.15)
lnEmi	0.12 (1.29)	0.42*** (3.06)	0.08 (0.97)	0.03 (0.71)	-0.10 (-0.61)	0.02 (0.20)	-0.02 (-0.18)	-0.12 (-1.12)	-0.10 (-0.76)	-0.11** (-2.13)	-0.05 (-0.44)
lnUrban	0.15 (0.36)	0.13 (0.78)	-0.25*** (-2.76)	0.09 (0.73)	0.03 (0.09)	0.19* (1.79)	0.29** (2.10)	0.11 (1.08)	0.00 (0.02)	-0.01 (-0.13)	0.13 (1.01)
lnStr	0.20 (0.70)	0.06 (0.22)	-0.06 (-0.50)	0.29*** (2.84)	0.33 (0.98)	-0.11 (-0.59)	0.03 (0.24)	0.20 (1.26)	0.82*** (4.41)	-0.18* (-1.72)	-0.19 (-1.24)
lnYA	0.01 (0.16)	-0.59*** (-4.37)	0.07 (1.01)	0.07 (1.45)	0.29** (2.16)	-0.04 (-0.43)	0.13 (1.14)	0.03 (0.32)	-0.04 (-0.37)	0.04 (0.53)	0.03 (0.38)

续表

总效应

被解释变量	第一产业（FE）	采矿业（RE）	制造业（RE）	电力、热力、燃气及水生产供应业（FE）	建筑业（FE）	批发零售业（RE）	交通运输、仓储邮政业（RE）	住宿餐饮业（RE）	信息传输、软件信息技术服务业（RE）	金融业（RE）	房地产业（RE）
lnMob	0.40*** (2.91)	0.05 (0.30)	0.13 (1.39)	0.07 (1.50)	0.20 (1.09)	-0.21*** (-2.63)	0.18 (0.75)	0.11 (0.89)	0.04 (0.18)	0.04 (0.43)	-0.33*** (2.76)
lnBir	0.66 (0.75)	1.43 (1.54)	-0.29 (-0.62)	-0.31 (-1.37)	0.45 (0.50)	-0.41 (-0.68)	0.48 (0.50)	-0.58 (-1.11)	1.19* (1.82)	-0.38 (-0.71)	0.29 (0.42)
lnDer	0.41** (2.41)	0.54** (2.29)	0.23 (1.36)	-0.06 (-0.61)	-1.00*** (-2.66)	0.04 (0.16)	-0.06 (-0.39)	-0.58*** (-2.98)	-0.24 (-0.81)	-0.37*** (-3.59)	-0.04 (-0.17)
lnwage	0.06 (0.81)	0.23*** (5.72)	0.19*** (7.06)	0.13*** (7.18)	0.30*** (4.60)	-0.09*** (-3.32)	0.06* (1.75)	0.02 (0.52)	-0.21*** (-4.31)	-0.09*** (-6.72)	-0.05 (-1.60)
lnImmi	-0.20* (-1.79)	-0.25** (-2.31)	-0.13* (-1.72)	0.02 (0.33)	0.15 (0.81)	-0.0006 (-0.01)	-0.01 (-0.12)	0.09 (0.91)	0.12 (0.86)	0.04 (0.63)	0.01 (0.08)
lnEmi	0.30** (2.26)	0.42*** (3.26)	0.08 (0.89)	0.02 (0.53)	-0.16 (-0.83)	0.07 (0.53)	-0.06 (-0.56)	-0.22** (-1.96)	-0.13 (-0.87)	-0.12** (-2.19)	-0.06 (-0.55)
lnUrban	-0.09 (-0.21)	-0.05 (-0.26)	-0.25** (-2.02)	0.01 (0.14)	0.13 (0.32)	0.03 (0.32)	0.41*** (2.69)	0.12* (1.67)	-0.05 (-0.64)	-0.19*** (-2.82)	0.08 (1.10)
lnStr	0.19 (0.70)	0.35* (1.67)	-0.21 (-1.57)	0.15* (1.65)	-0.06 (-0.18)	-0.03 (-0.15)	-0.12 (-0.61)	0.26 (1.07)	0.75*** (4.50)	-0.02 (-0.16)	-0.24 (-1.59)
lnYA	-0.10 (-1.63)	-0.22 (-1.63)	0.01 (0.37)	0.09*** (3.54)	0.31*** (3.19)	0.03 (0.57)	0.11* (1.69)	0.02 (0.23)	-0.14** (-2.15)	0.04 (0.69)	0.07 (1.11)

注：***、**、*分别表示1%、5%、10%水平上显著，括号中为z统计量。

第五章 各行业性别结构对经济发展的影响研究

一、性别结构影响经济发展的静态面板分析

（一）模型构建与变量选择

1. 模型构建。和第四章方法相似，为初步检验性别结构对产业发展的总体影响，首先构建静态面板模型进行实证检验，根据理论模型主要变量，构建面板模型如下：

$$\ln Y_{it} = C_{it} + \xi \ln ratio_{it} + \lambda \ln K_{it} + \bar{\omega} \ln POP_{it} + Z\beta + \mu_i + \varepsilon_{it} \quad (5-1)$$

式（5-1）中，Y_{it} 为 t 期 i 省的地区生产总值；$ratio_{it}$ 为 t 期 i 省各产业劳动力性别比例；K_{it} 和 POP_{it} 分别是 t 期 i 省各行业的新增固定资产投资和人口规模。Z 依然表示控制变量矩阵；β_0 和 β 为待估计系数，后者为参数向量；μ_i 为个体异质项的截距项；ε_{it} 为随个体和时间而改变的扰动项。

2. 变量选择。和第四章的变量选择一致，各地区产业发展水平数据来自《中国统计年鉴》和《中国城市统计年鉴》，书中的被解释变量为各地区的生产总值 GDP，根据国民经济行业分类标准（GB/T 4754—2017）抽取了 20 个行业中的 11 个行业 2003～2012 年的数据，对 31 个省级面板（不包括港澳台地区）进行了分析。

劳动力性别分布状况以及劳动力流动的数据来自《中国劳动统计年鉴》《中国分县市人口统计资料》《全国暂住人口统计资料》以及国家统计局的相关统计年鉴。各变量的详细说明以及平稳性检验可参见第四章。把各行业的

固定资本投资、人口规模以及工资水平，各省的受教育水平、人口迁入迁出情况、城镇化水平、产业结构合理化程度以及人口抚养比纳入控制变量。考虑到时间因素和异方差，上述数据全部采用对数方法进行处理（见表 5-1 和表 5-2）。

表 5-1　　　　　　　　　　省域区分的描述性统计

变量	定义 （数据来源）	样本数	均值	标准差	最小值	最大值
地区 GDP （lnGDP）	地区生产总值对数值 （国家统计局）	310	8.78	1.11	5.22	10.95
受教育水平 （edu）	各地区受教育结构比重加权计算 而得平均受教育年限 （中国劳动统计年鉴）	310	8.77	1.40	3.03	13.31
人口迁入水平 （Immi）	各地区人口迁入率对数值 （中国分县市人口统计资料）	310	16.34	8.99	5.99	92.66
人口迁出水平 （Emi）	各地区人口迁出率对数值 （中国分县市人口统计资料）	310	14.25	8.64	2.72	87.47
城镇化水平 （Urban）	非农业人口占总人口比重（%） （中国分县市人口统计资料）	310	36.06	16.43	15.21	89.76
产业结构合理化 （Structure）	第三产业占比（%） （中国统计年鉴）	310	40.85	8.03	28.30	76.46
人口抚养比 （Y & Aging）	人口抚养比（%） （中国统计年鉴，2010 年源于 第六次人口普查数据）	310	36.17	7.71	17.30	57.60

（二）普通面板回归结果分析

表 5-3 报告了 11 个行业劳动市场中劳动力性别比例变化影响 GDP 的基本回归结果。与第四章相似，劳动力构成对某一地区的影响同样面临相似的宏观总体环境，扰动项之间可能存在同期相关，即截面相关的问题；也由于经济系统中变量的影响具有一定的惯性，可能存在变量的序列相关问题，因

表5-2　产业区分的描述性统计

变量	定义（数据来源）	样本数
性别（ratio）	各行业劳动男女性别比对数值（女=1）（中国劳动统计年鉴）	310
新增固定资产投资（lnK）	各行业新增固定资产投资对数值（不含农户）（亿元）（国家统计局）	310
人口规模（lnPOP）	各行业年末人数对数值（人）（中国劳动统计年鉴）	310
工资水平（lnwage）	各行业平均劳动报酬对数值（元）（中国劳动统计年鉴）	310

变量	第一产业				采矿业				制造业				电力、热力、燃气及水生产供应业			
	均值	标准差	最小值	最大值	均值	标准差	最小值	最大值	均值	标准差	最小值	最大值	均值	标准差	最小值	最大值
ratio	2.09	0.73	1.15	8.83	4.06	1.41	1.57	9.91	1.66	0.37	0.77	3.07	2.38	0.37	1.67	3.57
lnK	3.38	1.46	-0.15	6.28	4.30	1.76	-1.20	7.37	6.05	1.62	0.22	9.38	5.46	0.93	2.43	7.22
lnPOP	11.12	1.18	8.46	13.77	11.34	1.58	5.78	13.71	13.42	1.26	8.80	15.50	11.30	0.76	8.83	12.35
lnwage	9.55	0.51	8.47	10.88	10.24	0.53	9.02	11.55	9.98	0.44	9.09	11.08	10.43	0.46	9.43	11.64

变量	建筑业				批发零售业				交通运输、仓储邮政业				住宿餐饮业			
	均值	标准差	最小值	最大值	均值	标准差	最小值	最大值	均值	标准差	最小值	最大值	均值	标准差	最小值	最大值
ratio	6.06	2.10	2.01	14.68	1.23	0.22	0.72	2.18	2.61	0.55	1.13	4.43	0.83	0.22	0.40	2.43
lnK	2.93	1.41	-0.31	6.67	3.99	1.39	0.34	7.15	5.79	0.91	3.28	7.63	3.45	1.28	0.16	6.15

续表

	建筑业				批发零售业				交通运输、仓储邮政业				住宿餐饮业			
	均值	标准差	最小值	最大值	均值	标准差	最小值	最大值	均值	标准差	最小值	最大值	均值	标准差	最小值	最大值
lnPOP	12.41	1.11	8.52	14.89	11.77	0.99	8.48	13.44	11.97	0.88	8.70	13.34	10.69	0.97	8.06	12.68
lnwage	9.89	0.47	9.02	11.14	9.89	0.55	8.71	11.43	10.24	0.44	9.13	11.23	9.67	0.40	8.73	10.65

	信息传输、软件信息技术服务业				金融业				房地产业			
	均值	标准差	最小值	最大值	均值	标准差	最小值	最大值	均值	标准差	最小值	最大值
ratio	1.59	0.29	0.87	2.81	1.08	0.22	0.78	3.28	1.93	0.30	1.22	3.12
lnK	3.85	0.95	-0.53	5.83	1.14	1.36	-3.91	4.18	5.87	1.27	1.31	8.44
lnPOP	10.46	0.92	7.71	13.17	11.52	0.89	8.68	13.07	10.45	1.26	5.52	12.82
lnwage	10.54	0.44	9.44	11.78	10.58	0.58	9.46	12.13	10.02	0.46	9.10	11.70

表5-3　劳动力结构对经济影响的静态模型基本回归结果

ln GDP	第一产业 (FE)	采矿业 (RE)	制造业 (FE)	电力等供应业 (FE)	建筑业 (RE)	批发零售业 (RE)	交通运输业 (FE)	住宿餐饮业 (RE)	技术服务业 (FE)	金融业 (FE)	房地产业 (FE)
性别结构	0.16 (1.58)	0.06*** (3.88)	0.02 (1.00)	0.27** (2.04)	0.10 (0.96)	0.07 (0.79)	-0.16*** (-4.54)	0.03** (0.042)	-0.13*** (-3.35)	-0.09** (-2.19)	-0.10*** (-3.62)
固定资产增加值	0.07*** (8.90)	0.02*** (6.30)	0.02** (2.30)	0.07** (2.38)	0.05* (2.07)	0.10*** (3.43)	0.05* (1.73)	0.03 (1.30)	0.02*** (3.56)	0.004 (0.66)	0.06*** (11.38)
人口规模	-0.02 (-0.99)	0.01 (0.30)	0.13*** (3.74)	0.21* (1.74)	0.26*** (6.96)	0.33*** (3.75)	0.10 (1.29)	0.09** (3.14)	0.02 (1.15)	-0.15* (-1.78)	0.02 (1.56)
工资水平	0.81*** (13.50)	0.11** (3.17)	1.05*** (37.83)	0.97*** (14.69)	0.72*** (7.52)	0.40* (2.19)	1.06*** (20.79)	0.20*** (4.15)	0.16*** (3.34)	0.18** (1.99)	0.15*** (5.46)
受教育年限	0.67*** (5.12)	-0.02 (-0.20)	-0.00 (-0.02)	0.54*** (3.30)	0.58*** (2.85)	0.40*** (2.76)	0.25*** (3.72)	0.16 (0.79)	0.07* (1.84)	0.05 (0.51)	0.01 (0.66)
人口迁入水平	0.09 (1.44)	0.05 (1.35)	0.07** (2.67)	0.03 (0.63)	0.00 (0.02)	0.11** (2.08)	0.08** (2.41)	0.02 (5.17)	0.06** (1.97)	0.04 (1.14)	0.05* (1.84)
人口迁出水平	-0.11** (-2.41)	-0.03 (-0.36)	-0.08*** (-3.92)	-0.09** (-2.13)	-0.10 (-1.75)	-0.16*** (5.29)	-0.10*** (-3.70)	-0.06 (-1.20)	-0.06* (-1.94)	-0.07** (-2.13)	-0.05 (-1.48)
城镇化水平	0.38*** (3.88)	0.10 (1.12)	0.24*** (4.27)	0.17 (1.04)	0.35** (2.77)	0.25** (2.14)	0.16 (1.04)	0.09 (0.71)	-0.02 (-0.28)	0.07 (0.60)	-0.03 (-0.40)
产业结构合理化	-0.47*** (-5.62)	-0.46*** (-13.60)	-0.25*** (-6.44)	-0.36 (-1.52)	-0.56** (-2.52)	-0.96*** (-6.05)	-0.20 (-1.09)	-0.59*** (-9.01)	-0.58*** (-16.53)	-0.55*** (-3.57)	-0.46*** (-15.62)

续表

ln GDP	第一产业 (FE)	采矿业 (RE)	制造业 (FE)	电力等供应业 (FE)	建筑业 (RE)	批发零售业 (RE)	交通运输业 (FE)	住宿餐饮业 (RE)	技术服务业 (FE)	金融业 (FE)	房地产业 (FE)
人口抚养水平	-0.15*** (-3.90)	-0.03 (-0.36)	-0.11** (-2.63)	-0.08* (-1.86)	-0.24* (-2.08)	-0.10* (-2.19)	-0.13*** (-3.47)	-0.03 (-0.28)	-0.01 (-0.12)	-0.03 (-0.33)	-0.02 (-0.42)
常数项	0.43 (0.67)	8.35*** (19.53)	-3.11*** (-4.50)	-4.30*** (-2.90)	-1.14 (-0.86)	-0.88 (-0.60)	-3.27*** (-3.76)	6.92*** (8.87)	8.32*** (12.83)	9.81*** (6.57)	7.92*** (21.40)
面板效应	控制	未控制	控制	控制	未控制	未控制	控制	未控制	控制	控制	控制
时间效应	控制	控制	控制	控制	控制	控制	控制	控制	控制	控制	控制
样本量	310	310	310	310	310	310	310	310	310	310	310
Prob>F	0.0000	0.0000	0.0000	0.0000	0.0000	0.0000	0.0000	0.0000	0.0000	0.0000	0.0000
R^2	0.2801	0.2513	0.5484	0.6251	0.7477	0.8627	0.3934	0.4755	0.6221	0.0753	0.7012
Hausman 检验	22.29** (0.014)	7.83 (0.646)	334.60*** (0.000)	79.54*** (0.000)	<0 (采用RE)	<0 (采用RE)	259.40*** (0.000)	<0 (采用RE)	160.34*** (0.000)	230.09*** (0.000)	245.10*** (0.000)
截面相关检验	拒绝原假设 (采用D-K标准误)	拒绝原假设 (采用D-K标准误)	拒绝原假设 (采用D-K标准误)	接受原假设 (采用聚类稳健标准误)	拒绝原假设 (采用D-K标准误)	拒绝原假设 (采用D-K标准误)	接受原假设 (采用聚类稳健标准误)	拒绝原假设 (采用D-K标准误)	拒绝原假设 (采用D-K标准误)	接受原假设 (采用聚类稳健标准误)	拒绝原假设 (采用D-K标准误)

注：***、**、* 分别表示1%、5%、10%水平上显著，括号中为t统计量。

此，为了使模型回归结果更准确，本章依然选择先通过豪斯曼检验选择使用固定效应模型后，进行截面自相关和序列相关检验，根据皮尔森检验、弗里德曼检验以及伍德里奇检验的 P 值，确定面板数据是否存在截面相关性与序列相关性。通过检验发现数据存在序列相关的问题，而截面相关存在行业差异。根据不同检验结果，对模型选择不同标准误，通过假设检验的固定效应模型选取聚类稳健标准误，拒绝假设检验的固定效应模型选择德里斯科尔－克雷（Driscoll－Kraay）标准误。

回归结果发现：其一，产业不同，劳动力性别组成对经济的影响不同。一方面，男性占比增多对地区经济起到提升作用集中于第一、第二产业，如表5－3所示，第一产业、采矿业、制造业、电力等供应业以及建筑业中回归系数为正，其中采矿业和电力等供应业统计结果显著，说明第一、第二产业偏重吸纳男性数量有助于行业发展。值得注意的是，制造业在不考虑时间因素时，劳动力性别组成中增加男性劳动力，对经济的发展是呈正向显著的作用；加入时间因素后，该系数不再显著且系数减小，说明制造业中劳动力性别结构可能存在内生性问题，受时间因素影响。另一方面，相比第一、第二产业，第三产业中，劳动力组成结构的男性增多，对地区经济起到了抑制作用。如表5－3所示，除了批发零售业和住宿餐饮业统计结果为正，交通运输业、信息技术服务业、金融业以及房地产业等第三产业，性别结构的系数全部显著为负。这意味着，第三产业与第一、第二产业在劳动力吸纳结构上存在明显的性别差异，男性劳动力的占比增多对经济的助力可能转为阻力，影响地区经济提升，其中批发零售业中性别结构的系数统计结果不显著，其原因可能是该行业中对劳动力性别要求并不明显。

其二，各行业中，相比各行业中资本配置对经济的助力提升作用，各行业人口规模增加对经济的影响呈现两极分化趋势，说明一些行业存在人均资本不足、劳动力冗余的状况。观察回归结果，11个行业中，固定资产增加对地区的经济呈现一致的正向显著作用。值得注意的是，金融业中固定资本增加对经济的影响相比其他行业来说效果较不显著，由此也可窥见中国金融业市场的问题，即金融业中固定资产投入对经济的提升影响甚微，金融市场中存在"脱实向虚"的经济杠杆问题。另外，劳动人口规模的增加，在第一产业、采矿业以及金融业中影响甚微，说明这些行业存在人员冗余的情况，劳动人数的增多不仅不会促进地区的经济发展，反而会降低该行业的效率水平。

其三，11 个行业中，教育水平、人口迁入、迁出水平对一个地区的经济发展起到了单一显著的影响。即教育水平和人口迁入对地区经济起到了显著正向影响，迁出人口的上升则抑制了地区经济的发展。关于教育水平，第一产业、电力等供应业、建筑业、批发零售业、交通运输业以及技术服务业中，人口受教育年限的增加对地区经济起到了显著正向提升的作用，而其他行业统计结果系数较小且不显著。该现象说明样本期间内，教育水平的提升通过大部分行业对地区经济的发展起到了明显的支持作用，尤其是对于第二产业以及信息传输、软件信息技术服务业等技术密集型行业。值得注意的是，教育水平在第一产业模型中，受教育年限每增加 1%，地区经济提升 0.67%，其经济提升幅度在 11 个行业中位于第一。这一现象说明中国人力资本配置的提升促进了第一产业的发展，从原有的劳动密集型第一产业向资本密集型的生态农业（林、牧、渔）转变，从而大幅提高经济效益、生态效益以及社会效益。关于人口迁入（迁出）水平，11 个行业中对经济起到了一致的积极促进（消极抑制）作用，但效果存在明显的差异。对劳动密集型产业（第一产业、采矿业、制造业、批发零售业、建筑业以及餐饮业）的提升（抑制）作用明显高于技术密集型产业（技术服务业、金融业以及房地产业）。人口迁出水平的提高对技术密集型行业的影响也呈同样趋势，即对劳动密集型产业的作用要强于对技术密集型产业的作用。

其四，各地区经济环境对经济的影响存在行业差异。一方面，城镇化水平的提高对经济起到显著助力作用，但是可以看到第一产业、制造业、建筑业、批发零售业的模型中统计结果显著，且对经济的助力作用要明显大于其他行业。该统计结果也说明，随着中国城镇化水平的提升，对各产业的经济发展水平起到了积极促进作用，但效果并不均衡。对于重点发展第一、第二产业的区域，随着城镇化水平的提升；区域生产总值得到大幅度提升；而对于发展第三产业的区域，城镇化水平一般已经处于较高水平，因此城镇化水平的边际效益并不明显。另一方面，产业结构的完善程度和人口抚养水平的上升对各地区经济都起到了抑制作用。前者说明在现有的中国环境下，需要权衡第二产业的规模效益和第三产业拉动经济的助力，单纯的第三产业的结构扩张可能会降低整体的经济效益。后者说明随着中国抚养人口比例的上升，对社会造成的经济压力也驱使劳动力市场结构的改变。

二、性别结构影响经济发展的动态面板分析

（一）模型构建与变量选择

本节在静态面板模型的基础上，进一步考虑各地区生产总值（GDP）的滞后影响，将 GDP 一阶滞后作为解释变量，以 GDP 的二阶滞后项作为工具变量代入系统 GMM 模型作进一步检验，模型为：

$$\ln Y_{it} = \alpha_0 \ln Y_{it-1} + \xi \ln ratio_{it} + \lambda \ln K_{it} + \bar{\omega} \ln POP_{it} + Z\beta + \mu_i + \varepsilon_{it} \quad (5-2)$$

其中，$\ln Y_{it-1}$ 为 GDP 的滞后一期项，其他参数含义以及变量选取参见上节静态模型。

（二）动态面板回归结果分析

基于差分 GMM 存在弱工具变量问题（Che et al., 2013），本部分仍采用系统 GMM 估计方法。回归结果和静态面板部分基本一致，依然具有相似的产业特征，即劳动力中男性占比增多促进了第一、第二产业经济发展，而女性占比相对增多则对第三产业的经济提供了支持。但发现引入区域 GDP 后项后，各地区劳动力的性别比例对经济的影响效果明显下降。同时，各地区产业中的经济发展具有惯性，即各行业中，前一期的 GDP 对之后的区域发展提供了必要的经济基础。相比其他行业，采矿业和信息技术服务业中，前一期 GDP 显著促进下一期地区生产总值，该估计结果在一定程度上，反映了各行业中存在经济规模效益的差异（见表 5-4）。

观察固定资产增加值发现：在考虑动态因素，把各地区的生产总值纳入解释变量和控制变量之后，固定资产的投入对各行业不再是一致的促进，各

表 5-4　劳动力结构对经济影响的系统 GMM 动态模型回归结果

lnGDP	第一产业	采矿业	制造业	电力、热力、燃气及水生产供应业	建筑业	批发零售业	交通运输、仓储邮政业	住宿餐饮业	信息传输、软件信息技术服务业	金融业	房地产业
$lnGDP_{it-1}$	0.56*** (3.83)	0.62*** (5.29)	0.45*** (3.01)	0.57*** (3.79)	0.62*** (3.98)	0.31 (1.27)	0.42** (2.37)	0.59*** (4.40)	0.79*** (4.64)	0.40* (1.82)	0.53*** (3.17)
$lnGDP_{it-2}$	0.27* (1.90)	0.20* (1.75)	0.13 (1.09)	0.18 (1.24)	0.29* (1.89)	0.33* (1.62)	0.20 (1.32)	0.24* (1.89)	0.12 (0.87)	0.21 (1.18)	0.25 (1.56)
性别结构	0.01 (0.64)	0.04*** (2.70)	0.06 (1.14)	0.03 (0.70)	-0.04 (-1.45)	-0.09** (-2.12)	-0.03 (-0.88)	-0.09** (-2.35)	-0.10*** (-4.10)	0.01 (0.53)	-0.04 (-0.94)
固定资产增加值	-0.01 (-0.93)	-0.01 (-0.64)	-0.03* (-1.87)	-0.06*** (-2.64)	-0.004 (-0.62)	0.002 (0.15)	-0.03** (-2.54)	0.02 (1.41)	-0.02 (-1.43)	-0.002 (-0.64)	0.01 (0.63)
人口规模	0.09*** (3.07)	-0.04 (-1.28)	0.14*** (3.34)	0.11** (2.09)	0.06*** (3.28)	0.07** (2.12)	0.24*** (4.06)	0.07*** (2.75)	0.09** (2.21)	0.23*** (3.33)	0.06** (2.34)
工资水平	0.18*** (3.81)	0.15*** (3.27)	0.44*** (6.21)	0.31*** (6.01)	0.05 (1.26)	0.32*** (5.00)	0.43*** (6.93)	0.10*** (2.63)	0.19*** (4.35)	0.30*** (6.10)	0.16*** (5.68)
受教育年限	0.23* (1.91)	0.18 (1.45)	0.09 (1.28)	0.21* (1.61)	0.13* (1.68)	0.08 (1.16)	0.13* (1.88)	0.11** (2.05)	0.08 (1.23)	0.17 (1.54)	0.12 (1.40)
人口迁入水平	0.09*** (2.95)	0.10*** (3.40)	0.09*** (3.49)	0.10*** (5.05)	0.14*** (5.10)	0.11*** (3.72)	0.09*** (4.09)	0.14*** (4.60)	0.13*** (4.66)	0.05** (2.42)	0.11*** (3.67)
人口迁出水平	-0.05 (-1.54)	-0.04 (-1.57)	-0.05* (-1.79)	-0.05** (-2.26)	-0.08*** (-2.92)	-0.05* (-1.64)	-0.06** (-2.33)	-0.09*** (-3.28)	-0.07** (-2.43)	-0.01 (-0.59)	-0.06 (-1.55)

续表

lnGDP	第一产业	采矿业	制造业	电力、热力、燃气及水生产供应业	建筑业	批发零售业	交通运输、仓储邮政业	住宿餐饮业	信息传输、软件信息技术服务业	金融业	房地产业
城镇化水平	0.05 (0.35)	-0.07 (-0.68)	0.01 (0.04)	-0.03 (-0.21)	-0.06 (-0.55)	-0.06 (-0.39)	-0.12 (-1.16)	-0.08 (-0.89)	-0.09 (-0.80)	-0.11 (-0.88)	0.004 (0.04)
产业结构合理化	-0.50*** (-3.30)	-0.62*** (-5.99)	-0.53*** (-3.60)	-0.53*** (-4.45)	-0.58*** (-5.84)	-0.69*** (-5.67)	-0.59*** (-5.29)	-0.58*** (-5.97)	-0.67*** (-6.79)	-0.84*** (-9.15)	-0.56*** (-5.42)
人口抚养水平	-0.05 (-1.22)	-0.08** (-1.99)	-0.11*** (-2.57)	-0.10** (-2.54)	-0.08** (-2.01)	-0.04 (-0.85)	-0.12*** (-2.72)	-0.10*** (-2.91)	-0.12*** (-3.23)	-0.03 (-0.55)	-0.08** (-2.21)
常数项	0.26 (0.20)	2.90*** (4.90)	-0.35 (-0.22)	0.03 (0.04)	2.09*** (3.59)	1.85 (1.37)	-0.95 (-0.75)	2.21*** (3.52)	1.78*** (2.83)	0.84 (0.67)	1.84** (2.53)
WaldChi2 (12)（P）	21462.35 (0.000)	12387.29 (0.000)	12970.57 (0.000)	6879.48 (0.000)	16618.31 (0.000)	26584.72 (0.000)	11030.59 (0.000)	13202.99 (0.000)	11112.60 (0.000)	8001.05 (0.000)	10951.08 (0.000)
自相关性检验（Arellano-Bond）	接受无自相关原假设	接受无自相关原假设	接受无自相关原假设	接受无自相关原假设	接受无自相关原假设	接受无自相关原假设	接受无自相关原假设	接受无自相关原假设	接受无自相关原假设	接受无自相关原假设	接受无自相关原假设
过度识别检验（Sargan）	接受原假设	接受原假设	接受原假设	接受原假设	接受原假设	接受原假设	接受原假设	接受原假设	接受原假设	接受原假设	接受原假设
样本量	248	248	248	248	248	248	248	248	248	248	248

注：***、**、*分别表示1%、5%、10%水平上显著，括号中为z统计量；WaldChi2检验括号中为P值。

行业的影响系数明显减小，且统计结果多半不显著。说明在经济环境的惯性下，固定资产投入对经济的影响变小。其他控制变量对经济的影响基本和静态模型的结论保持一致，即人口规模和工资水平对各地区经济起到了推动作用；人口迁入对经济起到了积极显著的支持；人口迁出对经济起到了负向作用。但在考虑了动态因素后，人口迁入的作用被放大，人口迁入水平对人口迁出的角力作用差异增强，一方面说明各地区经济人口的流动起到了调节作用；另一方面也说明人口流入对地区经济发展水平的弹性大于人口流出所面临的经济决定。城镇化水平依然保持着产业特征，但对经济的影响效果减弱；产业结构合理化和人口抚养水平保持了静态模型的结论。

三、分行业地区性别结构对产业结构的空间效应分析

（一）人口流动的空间效应

第四章对中国流动人口影响各地区劳动市场结构进行了空间效应分析，随着流动人口规模日益增加，各地区的劳动力结构发生变化，此处不再赘述。本章针对各地区劳动力结构对经济的影响进行了空间效应分析。

（二）模型构建与变量选择

和第四章方法相似，为初步检验性别结构对产业发展的总体影响，构建空间面板模型进行实证检验，其模型形式如下：

$$\begin{cases} GDP_t^i = \tau GDP_{t-1}^i + \rho w_i' GDP_t^i + x_{it}'\beta + d^{i'}X^i\delta + u_i + \gamma_i + \varepsilon_{it} \\ \varepsilon_{it} = \lambda m^{i'}\varepsilon_i + v_{it} \end{cases} \quad (5-3)$$

式（5-3）中，GDP_t^i 为 t 期 i 省的地区生产总值，GDP_{t-1}^i 是被解释变量的时间一阶滞后，$\rho w_i' GDP_t^i$ 是被解释变量的空间滞后项，$d^{i'}X^i\delta$ 表示解释变量的空间滞后，$d^{i'}$ 为相应空间权重矩阵 D 的第 i 行；γ_i 为时间效应；$m^{i'}$ 为扰动项空间权重矩阵 M 的第 i 行。由于选择空间杜宾模型，所以 $\lambda = 0$。如果 u_i 与 x_{it}' 无

关，且不考虑动态过程，则模型为随机效应模型。

（三）空间面板回归结果分析

表 5-5 报告了 11 个行业劳动市场中劳动力组成性别结构变化影响 GDP 的基本回归结果。为了缓解内生性和异方差问题，模型中采用聚类稳健标准误，分别对 11 个行业进行了空间杜宾模型回归。其中，制造业、电力等供应业、建筑业、批发零售业、信息服务业通过豪斯曼假设检验，故采用固定效应的动态空间杜宾模型进行回归；其余 6 个行业利用随机效应的空间杜宾模型进行了回归。

回归结果发现：其一，和之前模型所得结论一致，劳动力性别结构对经济的影响存在产业特征。在第一、第二产业中，男性劳动力占比增多对地区经济起到提升作用。如表 5-5 所示，第一产业、采矿业、制造业、电力等供应业以及建筑业中回归系数为正，在控制时间因素后，第一产业和电力等供应业统计结果不显著。另一方面，相比第一、第二产业，第三产业劳动力组成的女性增多，对地区经济起到了支持作用。如表 5-5 所示，批发零售业、交通运输业、信息服务业、金融业以及房地产业等第三产业，性别结构的系数全部显著为负。这意味着，第三产业与第一、第二产业在劳动力吸纳结构上存在明显的性别差异，男性劳动力的增多不但不会提升经济，反而可能促使地区经济下降。值得注意的是，住宿餐饮业属于第三产业，不考虑对其他地区的空间效应时，解释变量以及其空间滞后项对经济起到了促进作用，系数为正。说明第三产业较于第一、第二产业，性别结构对行业的影响更为复杂。

其二，空间效应明显，不同行业中各地区劳动力性别构成具有不同的空间溢出效应。从当地的劳动力和周边地区劳动力性别结构的加权平均效应（即空间滞后项）以及空间自回归系数可以看出，劳动力的性别结构不仅影响本地区经济发展，还影响相邻区域经济的发展。因此需要对解释变量的效应影响进行分析，即解释变量对本地区的直接效应，以及对相邻区域的间接效应，两者加总起来的总效应。从总效应可以看出，与结论一相似，第一、第二产业中男性劳动力占比升高，不仅会促进本地区的产业产出，还会刺激周边地区的经济水平，对本地区及周边地区的经济起到拉动作用，而第三产业则

表 5-5 劳动力性别结构影响经济的空间杜宾模型回归结果

lnGDP	第一产业	采矿业	制造业	电力、热力、燃气及水生产供应业	建筑业	批发零售业	交通运输、仓储邮政业	住宿餐饮业	信息传输、软件信息技术服务业	金融业	房地产业
$lnGDP_{it-1}$			0.81***(33.77)	0.99***(32.16)	0.27**(2.38)	1.00***(27.82)	-	-	0.51***(7.76)	-	-
性别结构	0.10(1.19)	0.08*(1.87)	0.06*(1.68)	0.05(0.62)	0.09*(1.92)	-0.06***(-2.80)	-0.12***(-3.35)	0.03(0.43)	-0.18***(-2.62)	-0.18***(-3.48)	-0.15***(-2.94)
固定资产增加值	0.01(0.49)	0.03**(2.25)	-0.005(-0.90)	0.08**(2.22)	0.04*(2.24)	-0.003(-0.58)	0.03(1.58)	0.05**(1.96)	0.07**(2.43)	0.01**(2.36)	0.14***(4.25)
人口规模	-0.001(-0.03)	-0.02(-0.33)	0.05***(3.01)	0.16*(1.70)	0.06**(2.37)	0.02(1.03)	0.24**(1.97)	0.14**(2.47)	0.07(1.26)	0.21(1.59)	0.18***(3.69)
工资水平	0.56***(4.59)	0.49***(3.10)	0.23***(6.05)	0.57***(3.33)	0.33**(2.20)	-0.002(-0.05)	0.88***(8.87)	0.61***(3.30)	0.50**(2.44)	0.67***(5.72)	0.35***(4.66)
受教育年限	0.45***(3.84)	0.13(0.83)	0.05(1.53)	0.14(0.78)	0.37***(2.62)	0.04(0.99)	0.21*(1.70)	0.21**(1.98)	0.42*(1.93)	0.14*(1.71)	0.12**(1.99)
人口迁入水平	0.02(0.40)	-0.01(-0.29)	0.04*(1.74)	0.04(0.82)	0.03(0.55)	0.03(1.35)	0.04(1.19)	0.01(0.15)	0.04(0.56)	-0.03(-1.37)	-0.01(-0.30)
人口迁出水平	-0.07*(-1.62)	-0.02(-0.52)	-0.03(-1.29)	-0.08*(-1.74)	-0.09**(-2.22)	-0.02(-0.92)	-0.07**(-2.56)	-0.07(-1.44)	-0.08(-0.92)	-0.05(-1.37)	0.02(0.37)
城镇化水平	0.20*(1.83)	0.19*(1.65)	0.01(0.26)	-0.01(-0.11)	0.03(0.25)	-0.02(-0.40)	0.10(0.70)	0.10(0.85)	-0.09(-0.92)	0.16*(1.63)	0.08(0.68)

主要变量

续表

lnGDP		第一产业	采矿业	制造业	电力、热力、燃气及水生产供应业	建筑业	批发零售业	交通运输、仓储邮政业	住宿餐饮业	信息传输、软件信息技术服务业	金融业	房地产业
主要变量	产业结构合理化	-0.29* (-1.72)	-0.02 (-0.10)	-0.14*** (-3.38)	-0.20 (-1.12)	-0.14 (-0.77)	-0.11*** (-2.66)	-0.23 (-1.39)	-0.34* (-1.66)	-0.39** (-2.32)	-0.71*** (-5.03)	-0.22 (-1.43)
	人口抚养水平	-0.15** (-2.13)	-0.12 (-1.40)	-0.09*** (-2.77)	-0.20* (-2.02)	-0.26** (-1.98)	-0.04 (-1.08)	-0.15** (-2.33)	-0.16 (-1.41)	-0.32 (-1.56)	-0.04 (-0.52)	-0.13 (-1.54)
	常数项	-1.05 (0.96)	-1.36 (-0.69)	-	-	-	-	-5.10*** (-4.11)	0.31 (0.25)	-	0.38 (0.23)	1.23 (1.17)
	空间自回归系数 rho	0.45*** (0.000)	0.21** (0.000)	0.29*** (0.002)	0.04 (0.472)	0.27*** (0.000)	0.36*** (0.000)	0.00 (0.933)	0.20** (0.020)	0.15*** (0.009)	0.09 (0.120)	0.39*** (0.000)
直接效应	性别结构	0.12 (1.32)	0.08* (1.87)	0.07* (1.83)	0.05 (0.72)	0.08* (1.70)	-0.06*** (-3.16)	-0.12*** (-3.20)	0.03 (0.41)	-0.18*** (-2.78)	-0.18*** (-3.34)	-0.15*** (-2.82)
	固定资产增加值	0.01 (0.89)	0.03** (2.24)	-0.01** (-1.97)	0.08** (2.34)	0.04** (2.36)	-0.01* (-1.75)	0.03* (1.60)	0.05** (2.05)	0.07*** (2.60)	0.01** (2.38)	0.14*** (4.41)
	人口规模	-0.001 (-0.02)	-0.02 (-0.36)	0.06*** (3.21)	0.16* (1.74)	0.06** (2.48)	0.02 (1.20)	0.25** (2.12)	0.14** (2.57)	0.07 (1.27)	0.21* (1.66)	0.20*** (4.12)
	工资水平	0.58*** (4.85)	0.51*** (3.48)	0.21*** (5.55)	0.57*** (3.42)	0.34** (2.27)	-0.04 (-1.10)	0.89*** (8.79)	0.63*** (3.51)	0.51*** (2.63)	0.67*** (5.54)	0.36*** (5.11)
	受教育年限	0.44*** (3.96)	0.15 (0.98)	0.06* (1.77)	0.15 (0.88)	0.35** (2.57)	0.04 (1.16)	0.22* (1.81)	0.20** (1.97)	0.44** (2.03)	0.14* (1.78)	0.08 (1.38)

续表

lnGDP		第一产业	采矿业	制造业	电力、热力、燃气及水生产供应业	建筑业	批发零售业	交通运输、仓储邮政业	住宿餐饮业	信息传输、软件信息技术服务业	金融业	房地产业
直接效应	人口迁入水平	0.03 (0.65)	-0.02 (-0.37)	0.05** (2.19)	0.04 (0.78)	0.03 (0.68)	0.04* (1.90)	0.04 (1.23)	0.02 (0.42)	0.03 (0.50)	-0.03 (-0.54)	0.001 (0.02)
	人口迁出水平	-0.06 (-1.52)	-0.01 (-0.33)	-0.03* (-1.59)	-0.07* (-1.77)	-0.09** (-2.54)	-0.02 (-1.20)	-0.07** (-2.54)	-0.08* (-1.68)	-0.08 (-1.51)	-0.05 (-1.41)	0.004 (0.11)
	城镇化水平	0.23** (2.23)	0.17 (1.59)	0.01 (0.17)	-0.01 (-0.05)	0.05 (0.44)	-0.03 (-0.81)	0.08 (0.62)	0.09 (0.86)	-0.09 (-0.88)	0.16* (1.65)	0.07 (0.74)
	产业结构合理化	-0.32* (-1.89)	0.03 (0.15)	-0.15*** (-3.49)	-0.20 (-1.09)	-0.14 (-0.73)	-0.14*** (-2.92)	-0.23 (-1.37)	-0.34* (-1.67)	-0.37** (-2.32)	-0.70*** (-5.13)	-0.24* (-1.66)
	人口抚养水平	-0.14** (-2.25)	-0.12 (-1.44)	-0.09*** (-3.03)	-0.20** (-2.02)	-0.25** (-2.07)	-0.05 (-1.40)	-0.14** (-2.23)	-0.17 (-1.47)	-0.34* (-1.79)	-0.04 (-0.47)	-0.13* (-1.67)
间接效应	性别结构	0.18* (1.64)	0.01 (0.13)	0.15 (1.58)	0.32** (1.89)	-0.21*** (-2.93)	-0.05 (-0.90)	0.004 (0.04)	-0.08 (-0.97)	-0.01 (-0.11)	-0.10 (-0.77)	0.03 (0.17)
	固定资产增加值	0.07* (1.86)	0.002 (0.04)	-0.10*** (-4.54)	0.08 (1.52)	0.01 (0.66)	-0.09*** (-2.85)	0.03 (0.91)	0.08*** (2.98)	-0.01 (-0.52)	0.01 (0.65)	0.10* (1.70)
	人口规模	-0.05 (-0.56)	-0.13 (-1.01)	0.06 (1.15)	0.47*** (3.65)	-0.003 (-0.04)	0.06 (1.52)	0.25*** (2.72)	-0.07 (-0.71)	-0.09 (-0.86)	0.42*** (3.20)	0.19** (2.26)
	工资水平	0.20 (1.26)	0.40** (2.35)	-0.25* (-1.78)	0.54*** (4.07)	0.24** (2.27)	-0.46*** (-4.19)	0.18* (1.70)	0.31** (1.99)	0.09 (0.67)	0.01 (0.07)	0.19* (1.65)

续表

	ln GDP	第一产业	采矿业	制造业	电力、热力、燃气及水生产供应业	建筑业	批发零售业	交通运输、仓储邮政业	住宿餐饮业	信息传输、软件信息技术服务业	金融业	房地产业
间接效应	受教育年限	-0.11 (-0.49)	0.32* (1.61)	0.12 (1.47)	0.01 (0.06)	-0.35** (-2.06)	0.08 (1.04)	-0.30** (-1.97)	-0.20 (-1.20)	-0.15 (-0.77)	-0.10 (-0.69)	-0.54** (-2.10)
	人口迁入水平	0.10 (0.97)	-0.12* (-1.88)	0.13** (2.47)	-0.13* (-1.68)	0.10 (1.46)	0.13** (2.53)	0.04 (0.77)	0.29*** (3.78)	0.08 (0.94)	-0.01 (-1.21)	0.21** (2.11)
	人口迁出水平	0.07 (0.67)	0.20** (2.53)	-0.02 (-0.24)	0.22*** (2.68)	0.002 (0.02)	-0.05 (-0.61)	0.02 (0.62)	-0.21*** (-3.87)	0.09 (1.11)	0.05 (0.63)	-0.17** (-2.10)
	城镇化水平	0.42 (0.78)	-0.22 (-0.46)	-0.09 (-0.76)	-0.16 (-0.44)	0.30 (0.79)	-0.32** (-2.13)	0.05 (0.22)	0.02 (0.05)	-0.17 (-0.52)	0.22 (0.80)	0.01 (0.03)
	产业结构合理化	-0.52 (-1.48)	0.62 (1.48)	-0.23* (-1.74)	0.04 (0.16)	-0.04 (-0.11)	-0.45*** (-2.99)	-0.67** (-2.38)	-0.11 (-0.33)	-0.23 (-0.74)	-1.33*** (-6.23)	-0.50* (-1.90)
	人口抚养水平	-0.003 (-0.03)	-0.06 (-0.57)	-0.06** (-2.22)	0.11 (0.99)	0.20 (1.43)	-0.14*** (-3.27)	0.05 (0.83)	-0.02 (-0.20)	0.19 (1.06)	0.12 (1.16)	-0.07 (-0.77)
	性别结构	0.29* (1.78)	0.09 (0.87)	0.22** (1.88)	0.37* (1.86)	-0.14* (-1.69)	-0.11** (-1.95)	-0.12 (-1.06)	-0.05 (-0.48)	-0.19** (-2.48)	-0.28** (-2.46)	-0.12 (-0.71)
总效应	固定资产增加值	0.08** (1.94)	0.03 (0.74)	-0.11*** (-4.83)	0.16*** (2.62)	0.05* (1.69)	-0.10*** (-2.96)	0.06* (1.71)	0.14*** (3.27)	0.06 (1.50)	0.02* (1.72)	0.24*** (3.11)
	人口规模	-0.05 (-0.44)	-0.14 (-1.18)	0.12** (2.13)	0.63*** (4.56)	0.06 (0.89)	0.08* (1.78)	0.51*** (3.46)	0.06 (0.50)	-0.02 (-0.19)	0.64*** (3.04)	0.38*** (3.43)

续表

总效应 lnGDP	第一产业	采矿业	制造业	电力、热力、燃气及水生产供应业	建筑业	批发零售业	交通运输、仓储邮政业	住宿餐饮业	信息传输、软件信息技术服务业	金融业	房地产业
工资水平	0.78*** (3.94)	0.91*** (6.78)	-0.04 (-0.24)	1.12*** (5.56)	0.59*** (2.88)	-0.50*** (-3.87)	1.07*** (15.24)	0.94*** (5.86)	0.61*** (4.31)	0.68*** (11.73)	0.55*** (4.70)
受教育年限	0.33 (1.36)	0.47** (2.09)	0.18* (1.93)	0.16 (0.97)	0.0008 (0.00)	0.12 (1.35)	-0.08 (-0.62)	0.001 (0.00)	0.29** (2.44)	0.04 (0.26)	-0.45* (-1.66)
人口迁入水平	0.13 (1.28)	-0.14* (-1.91)	0.18*** (4.48)	-0.09 (-1.24)	0.14** (2.52)	0.17*** (3.89)	0.08* (1.87)	0.31*** (4.05)	0.12* (1.72)	-0.11* (-2.00)	0.21** (2.45)
人口迁出水平	0.01 (0.07)	0.18* (1.90)	-0.05 (-0.64)	0.14* (1.66)	-0.09 (-1.14)	-0.07 (-0.88)	-0.05 (-1.07)	-0.29*** (-3.59)	0.01 (0.15)	-0.01 (-0.11)	-0.17** (-2.05)
城镇化水平	0.65 (1.13)	-0.04 (-0.09)	-0.09 (-0.61)	-0.17 (-0.46)	0.36 (0.79)	-0.36** (-2.05)	0.14 (0.49)	0.11 (0.30)	-0.26 (-0.68)	0.38 (1.52)	0.08 (0.23)
产业结构合理化	-0.84** (-1.95)	0.64 (1.55)	-0.39** (-2.45)	-0.15 (-0.57)	-0.17 (-0.45)	-0.59*** (-3.18)	-0.90*** (-2.93)	-0.44 (-1.16)	-0.60* (-1.69)	-2.02*** (-7.72)	-0.74*** (-2.57)
人口抚养水平	-0.14** (-2.15)	-0.17*** (-3.03)	-0.15*** (-6.54)	-0.09*** (-2.84)	-0.05 (-1.01)	-0.19*** (-7.34)	-0.09*** (-3.56)	-0.19*** (-4.53)	-0.15*** (-4.06)	0.08* (1.83)	-0.20*** (-4.93)
R^2	0.2810	0.2041	0.9771	0.1918	0.2947	0.8130	0.5668	0.5763	0.4340	0.6976	0.7414
Observation	310	310	279	279	279	279	310	310	279	310	310
Hausman检验	<0	<0	9.26*** (0.000)	39.63*** (0.000)	56.33*** (0.000)	7.63*** (0.000)	4.33 (0.931)	0.82 (0.999)	12.59 (0.083)	<0	<0

注：***、**、* 分别表示 1%、5%、10% 水平上显著，括号中为 z 统计量；空间自回归系数和 hausman 检验括号中为 P 值。

情况相反。观察动态空间杜宾模型可以发现，GDP 滞后一期对经济起到了积极显著的作用，说明第一产业、制造业、电力等供应业、建筑业、批发零售业以及信息服务业中，各地区 GDP 对本地区的经济支撑具有明显的惯性特征。

其三，在不同行业中，固定资本投入、人均工资和人口规模几乎都对经济起到了积极刺激的作用，但是也有行业（第一产业和采矿业）存在不同情况。其原因可能是第一产业的人口规模并不能有效支撑其经济发展，相反还会产生相悖效果。一方面统计结果并不显著，其结果存真仍需考虑；另一方面行业中存在劳动力冗余和不匹配的状况，单纯地增加工资和固定投入，并不能有效支撑经济，甚至只能增加成本，同时还存在劳动力冗余的问题。因此需要进一步考察三个变量的空间效应。

从总效应的回归结果可以看出，工资变量在 9 个行业中全部显著为正，说明工资不仅刺激本地区经济增长，还对周边地区形成了一定的积极刺激。其中行业工资变动 1%，对当地经济和周边经济刺激超过 0.9% 的有采矿业、电力等供应业、交通运输业以及住宿餐饮业，说明工业和传统服务业的工资仍然存在偏低的状况，提高工资有助于经济的上升。观察固定资本投入和人口规模变量，在统计结果显著的行业里，固定资本投入对经济都起到了积极作用，但人口规模在第一产业和采矿业中对当地和周边经济总体呈现负向抑制作用，说明第一产业和采矿业存在资本配置不足，劳动人数的增多不仅不会促进地区的经济发展，反而会降低该行业的效率水平。

其四，11 个行业中，教育水平和人口迁入对地区经济起到了几乎一致的正向影响，迁出人口的上升则和之前的模型得出的一致结论不同。从现实角度来看，人口迁入迁出不仅影响迁入地，还会影响迁出地的人才储备，因而不仅要考虑当地影响还要考虑周边地区的影响。考虑到空间因素后，可以发现第一产业和采矿业中，随着迁出人口的上升，地区经济得到了提升。第一产业和采矿业的回归系数进一步印证了结论三，认为该行业存在劳动力冗余的问题。其次，观察人口迁入回归结果，采矿业、电力等供应业以及金融业的回归系数为负数，其原因可能是人才流入不仅影响了本地区的劳动力供应水平，同时也影响了周边地区，如果人才流入对本地区的支持作用小于其周边地区人才流失的损失效应，则人口迁入水平提高对本地区和周边总体经济起到抑制效果，而上述行业中存在人才抢夺的现象，因此存在此消彼长的经济效益。与之情况相反的行业（制造业、电力业、建筑业以及第三产业）中人口迁入水平对本地区以及相邻区域的总效应为正，这些行业的人力增加不仅提升本地的经济水平，也拉动了周边地区的经济水平。最后，观察人口迁出回归结果，与基础回归结果几乎为消极效应不同，考虑了空间因素后，人口迁出在第一产业、采矿业、电力等供应业以及信息服务业中呈现促进经济发展的作用。该结果说明劳动力数量在这些行业中存在拥挤状况，考虑空间影响后，劳动力迁出对地区经济起到了积极的作用。

其五，地区经济环境依然是影响地区发展的重要控制变量，考虑空间因素后，城镇化水平在各行业中的影响差异增加，但产业结构合理程度以及人口抚养水平和基础回归一致。城镇化因素对第一产业的作用增强，对第二产业的作用减弱，进一步突出产业差异。

上述实证结果与理论分析中的预期吻合，因此可以得到初步结论，劳动力性别组成在不同行业中存在不同的影响，一些行业男性劳动力的增加会促进经济的发展，而一些行业中性别结构的失衡会抑制经济的发展。同时，人口流入及流出对各行业的促进及抑制作用存在差异。

四、本章小结

本书分析表明，流动人口空间效应明显，且随着流动人口的增加，对不同行业劳动力组成产生冲击，进而影响行业竞争力，对地区经济产生影响。《中国流动人口发展报告 2017》指出，虽然 2010～2016 年以来，流动人口在总人口中的占比有升有降，但今后较长一段时间大规模的人口流动迁移仍是中国人口发展的重要现象。根据前述分析，流动人口不仅以劳动力数量影响地区经济，还可以通过劳动力性别结构对经济造成影响。随着流动人口的增加，在第一产业、制造业、电力等供应业、交通运输业以及住宿餐饮业中，男性劳动力供给有增加的趋势；而在批发零售业、金融业以及房地产业中，女性劳动力的增长水平超过男性劳动力。

进一步分析劳动力组成对当地经济产生的影响发现，在第一、第二产业中，男性占比升高有助于提高当地经济，如实证检验中第一产业、采矿业、制造业、电力等供应业以及建筑业中回归系数为正。第三产业中增加男性占比对地区的经济并不能起到支撑作用，甚至还会起到消极作用，如批发零售业、住宿餐饮业以及信息服务业等第三产业系数全部显著为负。由于人口迁移明显受空间因素影响，考虑空间效应后，行业中劳动力组成对本地区和周边地区的总影响有部分行业发生变化，金融业以及房地产业系数的空间方程回归系数显著为负，说明考虑到周边地区后，两个行业中增加男性占比反而对整体经济呈现负向作用。

本书从地区固定资本投入、人均工资以及人口规模三方面衡量了各地区的传统要素投入，发现三者几乎都对经济起到了积极的作用。但考虑空间效应后，工资效应在9个行业中都对当地和周边的总体经济起到了积极的拉动作用，但工业和传统服务业工资存在偏低现状。而在考虑空间效应后，发现第一产业和采矿业中人口规模上升，对当地和周边经济的总体影响具有负外部性，其原因在部分程度上说明该行业资本配置不足，存在劳动力冗余，生产效率较低。

本书还从受教育水平、人口迁入及迁出以及地区经济环境三个层面来衡量流动人口对地区经济的冲击影响。不考虑空间因素得出单一但符合直觉的结论，11个行业中，教育水平和人口迁入数量的增长，拉动了当地经济；人口迁出数量增长，当地经济下降。考虑空间因素后，得到更符合现实的结论，即人口迁入迁出是一个动态的过程，不仅影响迁入地，还会影响迁出地的人才储备，部分行业（采矿业、电力等供应业以及金融业）存在人才抢夺的现象，随着人口迁入，经济总效应呈现负向作用。而制造业、电力业、建筑业以及第三产业中随着人口迁入数量上升，总效应对总体经济起到拉动作用。人口迁出方面类似，在第一产业和采矿业中，人口迁出数量上升，总效应为正，说明这些行业中存在拥挤状况，考虑空间影响后，劳动力迁出对地区经济起到了积极的作用。

基于以上分析发现，从劳动力数量上看，中国现阶段流动人口对大部分行业起到了有效的支撑；但从劳动力组成上来看，流动人口对各地区经济发展起到了一定的积极作用，但交通运输业与住宿餐饮业等服务业中未能形成有效支撑。

第六章 劳动力转移、人才竞争与产业发展的关系研究

　　中国经济从出现城乡二元化的趋势到东西部产业分布、经济差距越来越明显，各省际间的要素禀赋、技术差距和产业分工产生了很大的差距，由于区域间的经济差异，流动人口规模每年剧增，影响了人口流出地和流入地的劳动力总量和供给结构，对两地经济造成影响。例如，近年来东北三省劳动力外逃现象亦趋明显，造成东北三省经济下滑，产业承接受阻。流动人口不仅对产业调节具有间接影响（如上所述，流动人口影响劳动力供给结构，进而影响产业调整），还直接作用于产业调整，影响区域经济发展。劳动力转移的行为并不是孤立的，区域间劳动力的流动、进而是整个产业在区域间的转移，这些都和政府政策息息相关。本章借鉴 ZMW 模型对不同地区竞争机制的理论分析，在 ZMW① 模型的基础上，以两个区域间的劳动力要素流动为对象，基于博弈思维建模分析了不同区域间产业差异对劳动力流动趋势的影响以及政府为主体的调节作用，比较资本对称和资本不对称两区域和多区域情况下劳动力流动的方向和福利进行了理论分析；同时对模型进行了扩展，对多区域产业差异情况下劳动力的流动进行了门限模型分析。

---

　　① 佐德罗 - 米耶史考斯基 - 威尔森［Zodrow, Mieszkowski and Wilson（ZMW）Model, 1980］模型（1986）为大部分税收竞争模型提供了理论基础，该模型描述了在多地区劳动力数量不变情况下，资本配置的情况，在征税的情况下均衡时，小国的人均福利会改善。

一、理论模型构建与分析

（一）基本模型构建

佐德罗－米耶史考斯基－威尔森［Zodrow, Mieszkowski and Wilson（ZMW），1986］模型为大部分税收竞争模型提供了理论基础，该模型描述了在多地区劳动力数量固定的情况下，对资本征税后国内的福利分析。模型均衡时，人口基数较小的国家，对资本征税本国人均福利会提升。然而现实中，虽然区域间仍有不同程度的劳动力准入限制，如户籍制度的影响，但随着中国经济的发展，政府政策的支持，人口自由流动的程度逐步加强。因而本研究在ZMW模型的理论基础上，进一步放宽人口固定的假设，对模型进行了改进。模型构建如下。

假设有两个区域，由 $i=1, j=2$ 表示，两个区域具有资本和劳动两个要素，不同区域由于产业不同，进而产品价格不同。在短期内，拥有的资本作为特定要素在两个区域内保持不变，但数量上可以比较。两个区域的劳动力面对不同的工资信号 ω 以及劳动力转移壁垒税[①]γ（以下简称为劳动力税），劳动力税由劳动力自由转移所面对的区域壁垒构成，劳动力可以观察其他区域的工资，选择转移至其他区域还是保持不变。假定劳动力面对的生活成本被包含至劳动力税构成的壁垒中，意味着劳动力面对的成本只有劳动力税构成的转移壁垒，政府通过征收劳动力税获得财政 $\gamma_i \times l_i$，并将其用于提供区域内同等价值的公共产品，即社会福利的组成部分。

博弈过程如下：第一阶段，劳动者会面临劳动力税差，政府自主决定最优地对每单位劳动设置劳动力税 γ_i；第二阶段，厂商决定最优的劳动力雇佣数量 L，设置工资信号 ω，劳动者根据工资差别和税差决定是否流动。

---

① 此处壁垒税可理解为劳动力转移需要承担从原来的工作区域搬至新工作区域面临的生活环境变动发生的由政府壁垒造成的成本，假设为按每人征收的数量税。

在模型分析前，本书有以下假设：

模型分为两部分，分别对两区域的资本投入 K 作出不同假定，资本投入相同和不同两种情况下劳动力流动的状况，并假定生产技术相同，每个工人有一单位的劳动生产技术，即 CRS 规模报酬不变的生产技术：

$$F(K_i, L_i) = L_i F\left(\frac{K_i}{L_i}, 1\right) = L_i f(k_i) \qquad (6-1)$$

其中，$f_i'' < 0 < f_i'$。

第一部分：劳动力总量给定，并且能够在两区域间自由流动，i 区域具有较多人口，人口占两区域总劳动的份额为 $s(\frac{1}{2} < s < 1)$，当假定两区域资本投入相同时，则每区域都有 K 单位资本，且不可流动。因此，赋有单位劳动的资本数量有如下关系：

$$\frac{L_i}{L_i}\frac{K}{L_i + L_j} + \frac{L_j}{L_j}\frac{K}{L_i + L_j} = \frac{\bar{K}}{L_i + L_j}$$

$$s \times k_i + (1 - s) \times k_j = \bar{k} \qquad (6-2)$$

其中，$L_i + L_j = L, k_i = \frac{K}{L_i}, k_j = \frac{K}{L_j}, \bar{k} = \frac{\bar{K}}{L}, K = \frac{\bar{K}}{2}, i = 1, j = 2$。

第二部分：劳动力总量给定，并且能够在两区域间自由流动，仍假设 i 区域具有较多人口，人口占两区域总劳动的份额为 $s, (\frac{1}{2} < s < 1)$，但此时两区域的资本投入不同，且假设资本在两区域间短期内保持不变。因此，赋有单位劳动的资本数量有如下关系：

$$\frac{L_i}{L_i}\frac{K_i}{L_i + L_j} + \frac{L_j}{L_j}\frac{K_j}{L_i + L_j} = \frac{\bar{K}}{L_i + L_j}$$

$$s \times k_i + (1 - s) \times k_j = \bar{k} \qquad (6-3)$$

其中，$k_i = \frac{K_i}{L_i}, k_j = \frac{K_j}{L_j}, K_i + K_j = \bar{K}, i = 1, j = 2$。

（二）模型结果分析

本节主要分为两部分：第一部分在资本对称的情况下，讨论政府应选择的最优劳动力税，使劳动力在两区域间自由流动所达到的均衡情况为最优配置，并以其作为本模型的基准；第二部分在资本投入不对称的情况下，讨论该区域政府劳动力税的最优选择。

无论两区域资本是否对称，居住在 j 地方的劳动力想要流动至 i 地方工作，都会在劳动的边际收益之差与两区域间壁垒税差相等时产生均衡；又由于两地区产品不同，因此存在相对价格 p，另一地区产品价格即为 1。$MPL_i - \gamma_i = p[f(k_i) - f'(k_i)k_i] - \gamma_i$，劳动力转移壁垒税 γ 如前所假设，是政府对每单位在其区域内工作的劳动力所征收的单位劳动力税。当劳动力流动达到均衡时，应满足无套利等式如下：

$$p[f(k_i) - f'(k_i)k_i] - \gamma_i = f(k_j) - f'(k_j)k_j - \gamma_j$$

$$= f\left(\frac{\bar{k} - s \times k_i}{1 - s}\right) - f'\left(\frac{\bar{k} - s \times k_i}{1 - s}\right)\left(\frac{\bar{k} - s \times k_i}{1 - s}\right) - \gamma_j \qquad (6-4)$$

博弈的第二阶段，资本对称的情况下考虑劳动力流动的均衡，某一区域劳动力的流动达到均衡的前提是劳动力流动后获得的收益至少不低于不改变现状情况下的收益。从而在第一阶段，任一地方政府面临的最优化问题为：政府通过调节劳动力税，使本地方的社会福利最大化，一区域的社会福利包括资本和劳动的边际报酬，以及对从外地移动至当地的劳动力征收的劳动力税三个部分，可表示为：

$$Max_{\gamma_i} W_i = pf'(k_i)K_i + pL_i[f(k_i) - f'(k_i)k_i] + \gamma_i(L_i^* - L_i) \qquad (6-5)$$

其中，p 代表该地方生产相对产品价格，另一个地方产品价格即为 1，L_i^* 表示均衡时该区域劳动力总量。

由式（6-4）、式（6-5）可以解出均衡时各区域劳动力的数量、劳动力税、企业利润，以及社会福利水平。

1. 资本对称情况下的劳动力流动均衡。

定理1：在资本对称的情况下，任一区域劳动力会随着该区域劳动力税的升高而流动到其他区域，这种流动直到两区域的税差与工资之差相等时才会达到动态均衡，即满足无套利条件等式（6-4）。且两地区的人均资本、产品价格以及劳动力最初的分布决定了该地区的劳动力流动对于劳动力税的敏感程度。

$$\frac{\partial L_i}{\partial \gamma_i} = \frac{1-s}{\left[-(1-s)pk_i f''(k_i) - sf''(k_j)k_j\right]\left(-\frac{K}{L_i^2}\right)} < 0 \qquad (6-6)$$

证明：见附录。

定理1的含义很直观，表明当一地方的生活成本提高，会迫使劳动力由于生活压力向其他区域转移。在资本背景、产业背景相近的区域中，一地区产品收益增加，劳动力外逃动机减少；人口最初分布越平均，向其他区域转移的趋势越不明显。

定理2：在资本对称的情况下，人口较多的区域对于税收变动比人口较少的区域更敏感。

$$\frac{\dfrac{\partial L_i}{\partial \gamma_i}}{\dfrac{\partial L_j}{\partial \gamma_j}} = \frac{s}{1-s} > 1 \qquad (6-7)$$

证明：见附录。

定理2说明在资本一致产业相似，两地区生产技术相同的情况下，劳动力密集区域劳动力对于税收壁垒的变化更敏感。直观地说，该区域生活成本提高，会迫使劳动力相较于其他区域劳动力更迅速地由于生活成本向其他区域转移，最终表现为该区域劳动力外流，此过程到两地的人均收益与壁垒税之差相等时达到均衡。

定理3：由定理2可知，当两地区的资本数量相等时，两地区产品相对价格为1。劳动力流动达到均衡时，会在两区域间平均分布。而区域内劳动力税设置与该地区人口最初分布以及产品利润有关。在资本对称的情况下，具有较多人口的 i 区域应设置比 j 区域高的税收壁垒，且该税收壁垒高于人均单位产品利润；而较少人口的 j 区域应设置低于人均单位产品利润的壁垒税，从而吸引劳动力的流入。

$$\gamma_i = \left[f\left(\frac{\bar{k}}{2}\right) - f'\left(\frac{\bar{k}}{2}\right)\left(\frac{\bar{k}}{2}\right) \right]$$

$$+ \frac{\left[-(1-s)pk_i f''(k_i) - sf''(k_j)k_j \right]\left(-\frac{K}{L_i^2} \right)}{1-s}\left(\frac{\bar{L}}{2} - L_i \right) \quad (6-8)$$

$$\gamma_j = \left[f\left(\frac{\bar{k}}{2}\right) - f'\left(\frac{\bar{k}}{2}\right)\left(\frac{\bar{k}}{2}\right) \right]$$

$$+ \frac{\left[-(1-s)pk_i f''(k_i) - sf''(k_j)k_j \right]\left(-\frac{K}{L_j^2} \right)}{s}\left(\frac{\bar{L}}{2} - L_j \right) \quad (6-9)$$

证明：见附录。

从定理 3 中可以看出，当两地方的资本环境相同时，两地方的劳动力规模也会一致。在这个机制下看到，较少人口却拥有相对较多资本的区域政府拥有制定较低劳动力税的优势，即利用低劳动力税吸引人才流入的优势，此时 j 区域的政府并没有选择合作策略，而是把劳动力转移税设置在较高的水平。在现实生活中也并不缺乏这样的例子，如果两地区产业背景相同、资本规模相似、生产技术一致，地方政府并没有签署合作战略的动机去吸引劳动力，通过自身降低劳动力税的优势就可以吸引人才流入。

2. 资本不对称情况下的劳动力流动均衡。

定理 4：在资本不对称的情况下，定理 1 依然成立，但定理 2 和定理 3 的结论不一定成立。即区域内劳动力税的提高依然会驱使劳动力外流，但两区域间劳动力数量对劳动力税变动敏感程度的比较会因为资本差异的冲击变得平缓或者加剧。即当 i 区域资本总量大于 j 区域资本总量时，那么 i 区域人口外流的动力就会由于本区域资本实力冲击，劳动力对税收壁垒的敏感程度变弱；相反当 i 区域资本总量小于 j 区域资本总量时，那么 i 区域人口外流的劳动力就会由于本区域资本实力差距而加剧，劳动力对税收壁垒的敏感程度变强。

$$\frac{\dfrac{\partial L_i}{\partial \gamma_i}}{\dfrac{\partial L_j}{\partial \gamma_j}} = \frac{s}{1-s}\frac{K_j}{K_i} \tag{6-10}$$

证明：见附录。

定理5：当两地区的资本数量不相等时，壁垒税的设置分为三种情况：第一，当两地区资本投入之比和人口比例相等时，劳动力保持最初分布，壁垒应设置为该地区人均资本下单位产品利润；第二，当 i 区域（人口多的区域）的资本投入要明显大于 j 区域时，壁垒税应设置为低于人均资本下单位产品利润，吸引人才策略会带来更高的福利水平；第三，当 i 区域（人口多的区域）的资本投入要低于 j 区域时，劳动力对税收壁垒的敏感程度增强，壁垒税应设置为高于人均资本下单位产品利润，设置较高的劳动力税可以为本地居民带来更高的福利水平。

$$\gamma_i = p[f(k_i) - f'(k_i)k_i]$$

$$+ \frac{\left[-(1-s)pk_i f''(k_i) - sf''(k_j)k_j\right]\left(-\dfrac{K_i}{L_i^2}\right)}{1-s}(L_i^* - L_i) \tag{6-11}$$

证明：见附录。

定理5说明在资本人口禀赋差距很大时，若 i 区域作为资本匮乏的人口大省，壁垒税设置越高，对当地福利越有利，同时迫使冗余的劳动力向外流出；若 i 区域作为资本丰富的人口大省，壁垒税的设置应等于或低于单位产出利润，此时吸引人才策略对整体福利更有利。由于两地区生产技术相同的假设，所以对劳动力转移设置壁垒税还是给予补贴，与两地区最初的资本投入、人口分布比例相关。

3. 模型扩展：三地区情况下的劳动力流动均衡。在这一部分本书将对上述模型进行扩展，此时存在三个区域，其中两个地区具有相同的人口规模，$L_1 = L_2 = s \times (L_1 + L_2 + L_3) = s \times L$，（$\dfrac{1}{3} < s < \dfrac{1}{2}$），$s$ 为这两区域各占据的三区域劳动的份额。也就是说两个劳动力较多的地区；一个劳动力较少的地区。假设资本在区域间不可流动。因此，赋有单位劳动下的资本数量有如下关系：

$$\frac{L_1}{L_1} \times \frac{K_1}{L_1 + L_2 + L_3} + \frac{L_2}{L_2} \times \frac{K_2}{L_1 + L_2 + L_3} + \frac{L_3}{L_3} \times \frac{K_3}{L_1 + L_2 + L_3} = \frac{\overline{K}}{L_1 + L_2 + L_3}$$

$$s \times k_1 + s \times k_2 + (1 - 2s) \times k_3 = \overline{k} \qquad (6-12)$$

其中，$k_1 = \dfrac{K_1}{L_1}, k_2 = \dfrac{K_2}{L_2}, k_3 = \dfrac{K_3}{L_3}, \overline{k} = \dfrac{\overline{K}}{L}, s = \dfrac{L_1}{L_1 + L_2 + L_3} = \dfrac{L_2}{L_1 + L_2 + L_3}$。

当劳动力流动达到均衡时，三地区之间应满足如下等式：

$$p_1[f(k_1) - f'(k_1)k_1] - \gamma_1 = p_2[f(k_2) - f'(k_2)k_2] - \gamma_2$$
$$= f(k_3) - f'(k_3)k_3 - \gamma_3 \qquad (6-13)$$

定理6：三地区之间劳动力流动时，地区1和地区2的劳动力对壁垒税的敏感程度与两地区的资本禀赋成反比；地区1或地区2和地区3的劳动力对壁垒税的敏感程度与两地区资本不对称情况相似，劳动力对壁垒税的敏感程度仍与两地区劳动力分布成正比，与资本禀赋成反比。可见，可供劳动力转移的区域增加并不能从本质上影响劳动力流动的路径。劳动力外流的路径相比两地区间的转移路径并没有更陡峭或平缓。

$$\frac{\dfrac{\partial l_1}{\partial \gamma_1}}{\dfrac{\partial l_3}{\partial \gamma_3}} = \frac{1 - 2s}{s} \times \frac{K_3}{K_1} \times \frac{L_1^2}{L_3^2} = \frac{s}{1 - 2s} \times \frac{K_3}{K_1} \qquad (6-14)$$

证明：见附录。

定理6表明，劳动力转移的路径本质上并不受可供选择转移地区数量的影响。对于资本匮乏的区域，随着可供选择转移的地区增加，劳动力流动对壁垒的敏感度并不一定会增加。

（三）ZMW 理论模型结论

本书主要考察了在资本投入对称和不对称情况下两地区和多地区间劳动力流动，区域政府应该如何选择劳动力税以及相应的福利分析。

研究发现，一地区的劳动力会随着该区域劳动力税的升高而流动到其他区域，这种流动直到两区域的税差与工资之差相等时才会达到动态均衡，政府通过增加劳动力壁垒税增加本区域的社会福利。政府对劳动力设置的行政壁垒会阻碍劳动力的流入，但可以提高本地区居民的福利。换句话说就是，当一个地区生活成本升高时，在转移存在利差时，会迫使本地人口转移至其他地区，当地政府通过辖区人口行政管理以及税收所得一方面改善了本地居民福利，另一方面也抑制了外来人口。

当两地区面临相同的资本投入时，不同的劳动力分布迫使两地区政府选择不同的劳动力税。最初人均资本较多的区域拥有制定较低壁垒税的优势来吸引劳动力流入，而人均资本较少的区域则选择较高的壁垒税对本地居民福利更有利。在中国各地区中，具有相似产业背景的地区，人口较少的地区可以降低劳动力准入门槛来获得更高的福利。

当两地区面临不同的资本投入时，劳动力流动的路径变得不明确。资本的差异会加速或减缓劳动力流动的态势。如果人口多的区域具有资本优势，则会缓和该地区劳动力外逃的倾向，甚至可以成为其吸引劳动力的基础；如果该地区资本也不具备优势，则会加速劳动力外流，此时如果想靠提高税收增加地区福利，则无疑会加速劳动力的外流。对于该结论，同样适用于分析各地区的人才竞争机制，当一地区的资本实力在地区中处于遥遥领先的地位，人才数量的压力并不会降低本地区的竞争力，反而会成为人口红利，有利于总体福利的提升，如事实机制分析中，广东在31个省份中流动人口位居首位，这和广东省实力雄厚的经济基础、发达的第三产业紧密相关，此时增加劳动力流入的行政壁垒并不利于广东省总体福利的提升；但对于典型的劳动力输出地区，如河南，政府设置高的劳动力准入门槛则会为本地居民带来更高的经济效益。

二、门限模型实证检验

（一）模型构建与变量选择

1. 模型构建。从第四章的空间模型和上节理论模型的分析中，可以看出劳动力转移对各地区的经济发展可能是非线性的，其函数形式可能依赖于某个变量而改变，即存在门限变量的可能。汉森（Hansen，1999；2000）提出固定效应门槛回归模型（threshold regression），以严格的统计推断方法对门限值进行参数估计与假设检验。本书根据汉森门限模型，考虑了劳动力转移影响省际经济发展的固定效应门限回归模型：

$$\begin{cases} Y_{it} = X\beta_1 + \mu_i + \varepsilon_{it}, \text{if } q_{it} \leqslant \tau \\ Y_{it} = X\beta_2 + \mu_i + \varepsilon_{it}, \text{if } q_{it} > \tau \end{cases} \quad (6-15)$$

其中，q_{it} 为门限变量；τ 为待估计的门槛值；ε_{it} 为扰动项。假设解释变量矩阵 X 与扰动项不相干，包含解释变量 x_{it} 和控制变量 Z，个体截距项 μ_i 表示固定效应。

汉森（1999）对是否存在"门限效应"进行假设检验：

$$H_0: \beta_1 = \beta_2 \quad (6-16)$$

如果此假设成立，则不存在门限值，模型回归为标准固定效应面板模型。对于这个标准模型，可将其转化为离差形式，用最小二乘法（OLS）进行估计。记在"$H_0: \beta_1 = \beta_2$"约束下所得到的擦差平方和为 SSR^*，以区别于无约束情况下的残差平方和 $SSR(\hat{\tau})$，如果离差越大，约束条件后使得 SSR 增大，则越倾向于拒绝原假设，汉森提出使用似然比检验（LR）统计量，即：

$$LR \equiv \frac{[SSR^* - SSR(\hat{\tau})]}{\sigma^2} \quad (6-17)$$

如果不存在门限值，则 τ 无论取什么值不影响模型，故 τ 不可识别。如果拒绝原假设，则认为存在门限值，应对门限值作进一步检验，即检验"$H_0: \tau = \tau_0$"，定义似然比统计量为：

$$LR \equiv \frac{[SSR(\tau) - SSR(\hat{\tau})]}{\sigma^2} \quad (6-18)$$

可以证明，当原假设成立的情况下，似然比统计量的渐进分布虽然仍非标准，但其累计分布函数可计算出临界值，因而可利用似然比统计量来计算 τ 的置信区间。因此确定样本是否具有门限值，同理还可计算出多门限值的面板回归模型。

鉴于上述理论分析，劳动力转移对经济的影响存在非线性的可能，且不同区域的产业环境不同，政府对劳动力转移行为的战略决策也不同，本书构建劳动力转移、区域竞争、产业经济发展的逻辑链条，并利用汉森门限回归模型对该理论机制进行检验。首先，构建门限回归模型如下：

$$\ln Y_{it} = \beta_1' \ln IMMI_{it} \times 1(q_{it} \leq \tau) + \beta_2' \ln IMMI_{it} \times 1(q_{it} > \tau) + Z\beta + \mu_i + \varepsilon_{it}$$

$$(6-19)$$

其中，$IMMI$ 为 t 期 i 省的迁入人口；Z 为控制变量矩阵；β 为待估计参数向量；μ_i 为个体异质项的截距项；ε_{it} 为随个体和时间而改变的扰动项。

然后根据利用自助法（bootstrap）得到劳动力转移影响经济发展的门限值，计算门限值 τ 的残差平方和 SSR，通过计算得到残差平方和中的最小值所对应 τ 的估计值，最后利用门限值来对模型中不同区间的系数作出相关分析。

2. 变量选择。书中被解释变量为各地区生产总值，数据来自国家统计局《中国统计年鉴》和《中国城市统计年鉴》，书中的解释变量分别为流出人口和流入人口，通过两个方程解释流动人口对地区生产总值的影响，数据来源于《中国分县市人口统计资料》。由于数据可得性，选取 2003 ~ 2012 年的十年数据，对 31 个省级面板（不包括港澳台地区）进行了分析。

模型中的控制变量作如下处理：根据理论模型，用各地区劳动力平均工资指标和居民消费水平指标的差值来衡量各地区的劳动力转移利差，数据来自国家统计局《中国统计年鉴》；由于各地方房价水平的高低也在很大程度上造成了流动壁垒，因此将房价水平也纳入模型的控制变量，数据来源于《中国统计年鉴》；相似地，用各地区教育投入的数额来衡量各地区教育投入环境；流动人口性别结构和上章节一致，采用《中国分县市人口统计资料》《全国暂住人口统计资料》以及国家统计局相关统计年鉴中的暂住人口男女性别比例数据；与第五章控制变量一致，把各省份的城镇化水平、产业结构合理化程度以及人口抚养比纳入控制变量。考虑到时间因素和异方差，上述数据全部采用对数方法进行处理（见表 6 - 1）。

表 6 − 1 描述性统计

	变量	定义 （数据来源）	样本数	均值	标准差	最小值	最大值
被解释 变量	地区 GDP （lnGDP）	地区生产总值对数值 （国家统计局）	310	8.78	1.11	5.22	10.95
解释 变量	人口迁入水平 （ln IMMI）	各地区人口迁入数量对数值 （中国分县市人口统计资料）	310	16.34	8.97	5.99	92.66
	人口迁出水平 （ln EMI）	各地区人口迁出数量对数值 （中国分县市人口统计资料）	310	14.25	8.64	2.72	87.47
控制 变量	劳动力转移利差 （lnCOST）	各地区劳动力平均工资和 居民消费水平之差的对数值 （国家统计局）	310	9.78	0.47	8.78	10.91
	房价水平 （lnHP）	住宅商品房每平方米平均 销售价格的对数值 （国家统计局）	310	8.00	0.57	6.87	9.75
	教育投入水平 （lnEDUSUM）	各地区教育投入对数值 （国家统计局）	310	14.93	0.91	12.14	16.90
	流动人口 性别结构 （Mob ratio）	各省域暂住人口中 男女性别比（女 = 1） （全国暂住人口统计资料）	310	1.70	0.38	1.01	3.90
	城镇化水平 （Urban）	非农业人口占总人口 比重（%） （中国分县市人口统计资料）	310	36.06	16.43	15.21	89.76
	产业结构合理化 （Structure）	第三产业占比（%） （中国统计年鉴）	310	40.85	8.03	28.30	76.46
	人口抚养比 （Y & Aging）	人口抚养比（%） （中国统计年鉴，2010 年 源于第六次人口普查数据）	310	36.17	7.71	17.30	57.60

（二）门限模型回归结果分析

1. 流入人口门限效应的存在性检验。在用门限模型进行实证检验之前，应首先检验门限效应的存在性，从而确定流入人口对各地区的门限个数，在此基础上构建门限效应估计模型。由于我国东中西三部存在明显的产业差异和资源禀赋差距，因而根据国家统计局对我国东中西部的划分①，把样本分为东部、中部以及西部三大样本分别考察流入人口的门限效应。此部分对全国样本、东部、中部以及西部样本分别进行了流入人口变量的单门限、双门限检验。表 6 - 2 给出了四个样本中门限值的估计结果和门限效应显著性检验的结果。

表 6 - 2　　　　　　　　　门限值估计和门限效果的自抽样检验

	全国		东部		中部		西部	
	单门限	双门限	单门限	双门限	单门限	双门限	单门限	双门限
门限 1 估计值 τ_1	11.62	11.62	11.55	11.55	13.60	13.63	10.49	10.49
门限 1 置信区间	[11.52, 11.71]	[11.52, 11.71]	[11.48, 11.72]	[11.48, 11.71]	[13.59, 13.61]	[13.57, 13.64]	[10.48, 10.91]	[10.48, 10.91]
门限 2 估计值 τ_2		10.49		12.90		13.64		12.64
门限 2 置信区间		[10.37, 10.91]		[12.80, 12.91]		[13.63, 13.66]		[12.47, 12.71]
LM 检验（F 值）	18.70 **	9.68	30.35 ***	6.20	8.17	10.19	6.48	6.06
自举 P 值	0.04	0.44	0.01	0.74	0.29	0.16	0.65	0.57
10% 显著水平的临界值	14.96	16.45	17.64	20.31	12.45	11.05	13.72	14.50
5% 显著水平的临界值	17.60	19.11	21.54	34.77	15.80	13.74	14.71	17.63
1% 显著水平的临界值	24.28	25.58	27.83	70.20	21.88	15.81	17.44	30.68

注：***、** 分别表示 1%、5% 水平上显著，P 值和临界值采用 bootstrap 法重复 200 次模拟得出。

从表 6 - 2 的信息可知，在全国、东部、中部以及西部四个样本中门限值

① 东部地区：北京、天津、河北、辽宁、上海、江苏、浙江、福建、山东、广东、海南；中部地区：山西、吉林、黑龙江、安徽、江西、河南、湖北、湖南；西部地区：内蒙古、广西、重庆、四川、贵州、云南、西藏、陕西、甘肃、青海、宁夏、新疆。

的估计，东部和西部门限值较低，分别为 11.55 和 10.49；中部地区门限值最高，为 13.60；全国人口门限值则处于中间数值 11.62。该结果说明流动人口对不同地区的影响效应不同，应对全国样本进行分层检验和估计。

在全国和东部样本中，单门限的 LM 检验结果在 5% 的水平上显著，说明流动人口对地区的产业影响至少存在一个门限效应；观察两个样本中的双门限模型可以发现，估计结果并不能通过 LM 检验，分别在 44%、74% 的可能上接受单门限模型的假设，拒绝双门限模型，认为我国总体样本和东部样本应设置单门限模型。而中部、西部样本未通过单门限和双门限的估计，认为中西部流入人口对当地产值的影响不存在门限效应。观察四个样本的似然比趋势图可以发现，图 6-1 中虚线为 5% 水平下的临界值，全国和东部门限变量 LR 序列随门限值变化的函数趋势图，通过 5% 临界值形成有效置信空间，有明显的单一门限；而中部、西部地区则未能形成有效置信空间，认为不存在单一门限。

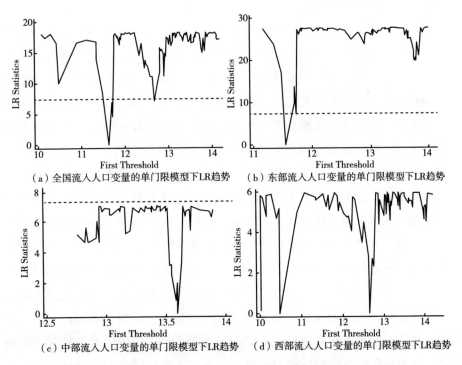

（a）全国流入人口变量的单门限模型下LR趋势　　（b）东部流入人口变量的单门限模型下LR趋势

（c）中部流入人口变量的单门限模型下LR趋势　　（d）西部流入人口变量的单门限模型下LR趋势

图 6-1　全国、东中西部流入人口变量的单门限模型下 LR 趋势

2. 流入人口的门限模型回归结果分析。观察全国样本，解释变量系数较小且为负数，说明流入人口并未有效支撑当地经济发展，且起到了抑制作用。当流入人口小于 111301 门槛人数，流入人口对当地的经济起到了抑制作用，而随着流入人口的增加，抑制作用削弱。该结果说明当流入人口总量较少时，并不能保证流入人口能够有效促进流入地经济的发展，相反还有可能造成流入地的经济倒退，其原因可能是人口拥挤效应大于其产出效益造成的。而当流入人口增多，在相同概率下，确保了更多的能够匹配当地市场劳动力涌入，进而减少了其对经济的阻退作用。观察其他控制变量，和前两章估计结果相似，劳动力转移利差的扩大以及当地房价水平的上升都会显著地促进当地经济发展；教育投入增加 1%，当地经济水平增加 0.4%，其提升经济的幅度大于房价的上升；城镇化的完善水平对经济的提升幅度和房价水平的促进幅度相似；而产业结构合理化程度以及人口抚养比的上升则对经济起到了抑制作用。但由于东中西三部的横截面异质性，全国样本的估计结果存在偏差，因而应进一步分样本进行讨论。

从东中西三部门限模型的回归结果来看：东部流入人口门槛值为 103777人，小于全国人口的流入门槛，但其对当地经济的影响与全国样本的系数方向一致。当流入人口小于门槛值时，流入人口每增加 1%，东部地区 GDP 就会下降 0.1%；但随着流入人口规模的增多，流入人口对经济的抑制程度降低。中部流入人口的门限模型中，流入人口的门槛值为 806129 人，远远超过东部的流入门槛，该结果进一步说明东部人口容纳趋近饱和，而中部具有更大的人口容纳潜力。但由于中部流入人口变量未通过门限检验，因此采用普通面板固定效应模型进行补充回归，可以发现，中部流入人口对当地经济起到了显著的积极有效支撑，流入人口每增长 1%，中部地区 GDP 上升 0.22%；相似地，西部地区未通过门限检验，门限模型中流入人口指标系数也不显著，因此采用普通面板固定效应模型进行回归，其系数从 -0.03（单一门限模型）变为 0.34，后者结果显著，说明西部地区劳动力禀赋不足，流入人口暂时不存在门限效应，人口的流入增强了当地的经济实力，提升了当地经济。从东中西三部的人口流入对当地经济的影响可以看出，人口流入对各地区的影响存在明显的不同，东部经济较发达地区，地区容纳相较中西部地区已趋近饱和，人口的涌入会对当地经济造成微弱的负面影响；但随着人口进一步流入，负面影响减弱，其原因可能是随着东部地区产业结构合理化程度加深，地区产业优化调整，对劳动力的需求不再是人数规模的需求而是人才质量的需求，盲目的人口流入不仅不能满足当地劳动力市场，甚至会形成无效匹配以及城市拥挤效应，因而对当地经济产生负面影响，随着人口流入的增加，一定概率上匹配了劳动力需求，抑制作用减弱。人口流入对东部地区造成的负面影响而对中西部地区形成积极动力，其原因可能是中西部地区较之东部，资本禀赋不足，对劳动力的需求强于东部，劳动力池子并未达到饱和。随着我国产业调整，中部地区工业的优化，对劳动力的需求强于东部，劳动力质量要求低于东部地区，流入人口的涌入还未达到门限值，因而流入人口对中西部经济起到有效拉动作用。

东部和中部模型的控制变量系数基本一致，西部地区存在个别差异。劳动力转移利差对东部经济的提升幅度大于中西部，西部地区出现抑制情况；房价水平对东中西三部地区的拉动作用依次降低；而教育投入增加1%个单位对中、西部地区经济的促进作用（0.98%、0.8%）明显优于东部（0.46%）；流动人口性别结构与东部、中部地区的劳动力市场匹配程度不佳，对经济起到负向作用，而对西部起到积极作用；城镇化水平的提高对三部都起到了积极作用，其中对西部的拉动作用更强；产业结构合理化以及人口抚养比对不同地区都起到了一定的负向作用（见表6-3）。

表6-3　　　　　　　流入人口对不同区域的门限模型回归结果

地区 GDP	全国	东部	中部		西部	
	单门限模型	单门限模型	单门限模型	普通面板回归	单门限模型	普通面板回归
迁入人口 （ln*IMMIPOP* ≤ τ_1）	-0.05 *** (-2.95)	-0.10 *** (-2.95)	-0.07 (-1.38)	0.22 ** (2.26)	-0.03 (-1.23)	0.34 ** (1.92)
迁入人口 （ln*IMMIPOP* > τ_1）	-0.04 ** (-2.46)	-0.08 ** (-2.35)	-0.07 (-1.33)	0.22 ** (2.26)	-0.03 (-1.15)	0.34 ** (1.92)
劳动力转移利差 （ln*cost*）	0.45 *** (11.82)	0.35 *** (6.14)	0.58 *** (8.66)	0.03 (0.18)	0.58 *** (7.06)	-0.01 (-0.07)
房价水平 （ln*HP*）	0.22 *** (6.40)	0.28 *** (5.27)	0.28 *** (3.89)	0.01 (0.06)	0.03 (0.45)	0.14 * (1.84)

续表

地区 GDP	全国	东部	中部		西部	
	单门限模型	单门限模型	单门限模型	普通面板回归	单门限模型	普通面板回归
教育投入水平 （ln*EDUSUM*）	0.40 *** （15.55）	0.46 *** （8.80）	0.22 *** （3.21）	0.98 *** （8.72）	0.43 *** （9.20）	0.80 *** （7.97）
流动人口性别结构 （*Mob* ratio）	0.06 （1.48）	-0.18 * （-1.70）	0.15 （1.36）	-0.07 （1.20）	0.14 *** （2.77）	0.23 *** （4.13）
城镇化水平 （*Urban*）	0.17 ** （2.23）	0.05 （0.32）	-0.29 * （-1.81）	0.13 （1.20）	0.22 * （1.96）	0.23 （1.42）
产业结构合理化 （*Structure*）	-0.26 *** （-3.61）	-0.38 ** （-2.30）	-0.52 *** （-3.75）	-0.08 （-0.49）	-0.35 *** （-2.96）	-0.44 * （-1.89）
人口抚养比 （*Y & Aging*）	-0.03 （-1.04）	-0.18 （-1.58）	0.00 （-0.01）	-0.24 *** （-3.16）	0.06 （1.20）	0.04 （0.71）
常数	-2.29 *** （-4.98）	-0.84 （-0.90）	1.73 （1.24）	-8.39 *** （-4.85）	-3.55 *** （-5.51）	-4.33 *** （-3.53）

注：***、**、*分别表示1%、5%、10%水平上显著，括号中为 *t* 统计量。

3. 流出人口门限效应的存在性检验。鉴于上述流入人口在东、中、西三部形成的不同门限情况，此小节对流出人口进行了分析，最后分别从流入和流出两个视角阐述了流动人口对各地区的影响。首先依然是对流出人口是否存在门限效应进行检验，从而确定流出人口对各地区的门限个数，在此基础上构建门限效应估计模型。对全国样本、东部、中部以及西部样本分别进行了流出人口变量的单门限、双门限检验。表6-4给出了四个样本中门限值的估计结果和门限效应显著性检验的结果。

表6-4　　　　　　　门限值估计和门限效果的自抽样检验

	全国		东部		中部		西部	
	单门限	双门限	单门限	双门限	单门限	双门限	单门限	双门限
门限1估计值 τ_1	12.71	12.72	11.51	11.51	12.95	12.95	12.56	12.56
门限1置信区间	[12.67, 12.72]	[12.67, 12.72]	[11.44, 11.58]	[11.44, 11.58]	[12.94, 12.97]	[12.94, 12.97]	[12.40, 12.59]	[12.40, 12.59]

续表

	全国		东部		中部		西部	
	单门限	双门限	单门限	双门限	单门限	双门限	单门限	双门限
门限2估计值 τ_2		11.51		11.60		13.39		11.62
门限2置信区间		[11.44, 12.27]		[11.34, 12.05]		[13.39, 13.40]		[11.40, 11.69]
LM检验（F值）	12.98	10.51	27.77***	-16.92	2.93	4.06	8.38	6.64
自举P值	0.19	0.29	0.01	1.00	0.83	0.49	0.34	0.45
10%显著水平的临界值	15.43	15.30	16.72	20.35	11.06	12.11	12.29	11.94
5%显著水平的临界值	19.23	17.90	19.54	23.40	12.92	16.72	15.30	14.85
1%显著水平的临界值	21.57	22.71	23.69	28.44	21.77	32.65	18.30	20.67

注：*** 表示1%水平显著，P值和临界值采用 bootstrap 法重复200次模拟得出。

从表6-4的信息可知，在全国、东部、中部以及西部四个样本中门限值的估计，全国和中部门限值相近，95%置信水平下的置信区间相似。相较中部地区门限值，东部和西部地区门限值较低，分别为11.51和12.56，该结果也说明各地区情况不同，流出人口对不同地区的影响效应不同，应对全国样本进行分层检验和估计。

在东部样本中，单门限的LM检验结果在1%的水平上显著，说明流动人口对地区的产业影响至少存在一个门限效应；观察四个样本中的双门限模型可以发现，估计结果并不能通过LM检验，分别在29%、100%、49%以及45%的可能上接受单门限模型的假设，拒绝双门限模型，认为我国东部应设置单门限模型。而其他三个样本未通过单门限和双门限的估计，认为流出人口对当地产值的影响不存在门限效应。观察四个样本的似然比趋势图可以得到直观结论，图中虚线为5%水平下的临界值，只有东部门限变量LR序列随门限值变化的函数趋势图，通过5%临界值形成有效置信空间，有明显的单一门限；而其他地区则未能形成有效置信空间，认为不存在单一门限（见图6-2）。

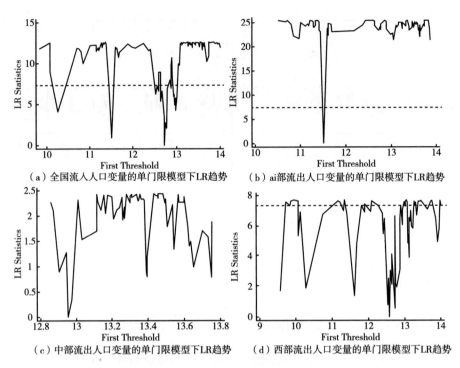

（a）全国流入人口变量的单门限模型下LR趋势　　（b）ai部流出人口变量的单门限模型下LR趋势

（c）中部流出人口变量的单门限模型下LR趋势　　（d）西部流出人口变量的单门限模型下LR趋势

图 6 - 2　全国、东中西部流出人口变量的单门限模型下 LR 趋势

4. 流出人口的门限模型回归结果分析。观察全国样本，解释变量系数为负，说明流出人口带来的人才流失现象抑制了当地经济发展，且随着人口流出的规模增加，影响程度进一步扩大。流出人口对各地经济起到了抑制的作用，当大于门槛人数 331041 人时，抑制作用增强。但由于面板异质性以及门限检验结果，该结果存在偏差，应以分样本估计结果为主。

从东中西三部门限模型的回归结果来看：东中西部流出人口门槛值分别为 99707 人、420836 人、284930 人，中部人口流出的门限值明显高于西部和东部；东部的门限值最低。东部流出人口规模超出十万人时，人口流出形成的人才流失效应会削弱，地区 GDP 出现较慢下滑。从实证结果来看，流出人口每增加 1%，地区经济降低 0. 18%；超过门限之后，降低幅度变为 0. 16%。

中西部流出人口门槛较高，但由于未通过门限检验，应以固定效应模型回归结果为准。中部流出人口对当地 GDP 起到了积极的作用，但统计结果不显著，其原因可能是相较于东部和西部，中部地区经济发展程度适中，劳动力流出造成的外部效应更为复杂。西部地区流出人口抑制了当地经济发展，说明西部人口流出进一步造成了当地的劳动力匮乏。从东中西三部的人口流出对当地经济的影响可以看出，人口流出对各地区的影响存在明显的不同：东部流出人口对东部各地区经济发展起到了显著抑制作用，随着流出人口规模增多，消极作用减弱。西部地区流出人口也对当地造成负面影响，但相较于东部，西部流出人口的影响较微弱。而相较于东西两部，中部地区流出人口的效应较复杂，统计结果并不显著（见表 6 - 5）。

表 6 - 5　　　　　流出人口对不同区域的门限模型回归结果

地区 GDP	全国	东部	中部		西部	
	单门限模型	单门限模型	单门限模型	普通面板回归	单门限模型	普通面板回归
迁出人口 （$\ln IMMIPOP \leq \tau_1$）	- 0. 01 （- 0. 89）	- 0. 18 *** （- 5. 26）	0. 06 （1. 13）	0. 04 （0. 99）	0. 00 （- 0. 03）	- 0. 01 （- 1. 09）
迁出人口 （$\ln IMMIPOP > \tau_1$）	- 0. 02 （- 1. 25）	- 0. 16 *** （- 5. 09）	0. 05 （1. 04）	0. 04 （0. 99）	0. 00 （- 0. 31）	- 0. 01 （- 1. 09）
劳动力转移利差 （$\ln cost$）	0. 47 *** （12. 39）	0. 44 *** （7. 40）	0. 53 *** （7. 66）	0. 56 *** （5. 47）	0. 60 *** （7. 38）	0. 58 *** （5. 39）
房价水平 （$\ln HP$）	0. 21 *** （6. 00）	0. 23 *** （4. 42）	0. 30 *** （4. 08）	0. 29 ** （3. 18）	0. 01 （0. 13）	0. 03 （0. 27）
教育投入水平 （$\ln EDUSUM$）	0. 38 *** （15. 07）	0. 42 *** （8. 02）	0. 27 *** （4. 02）	0. 26 ** （2. 98）	0. 44 *** （9. 43）	0. 44 *** （4. 59）
流动人口性别结构 （Mob ratio）	0. 04 （0. 91）	- 0. 23 ** （- 2. 26）	0. 15 （1. 26）	0. 15 （1. 11）	0. 13 *** （2. 77）	0. 14 ** （3. 07）
城镇化水平 （$Urban$）	0. 15 ** （2. 07）	- 0. 00 （- 0. 03）	- 0. 33 ** （- 2. 07）	- 0. 33 ** （- 3. 04）	0. 18 * （1. 74）	0. 19 * （1. 79）
产业结构合理化 （$Structure$）	- 0. 27 *** （- 3. 79）	- 0. 36 ** （- 2. 19）	- 0. 40 *** （- 3. 07）	- 0. 41 （- 1. 72）	- 0. 36 *** （- 3. 22）	- 0. 37 ** （- 2. 96）
人口抚养比 （$Y \& Aging$）	- 0. 02 （- 0. 50）	- 0. 11 ** （- 2. 05）	0. 02 （0. 31）	0. 02 （0. 47）	0. 06 （1. 29）	0. 06 * （1. 99）
常数	- 2. 51 *** （- 5. 50）	- 0. 66 （0. 78）	- 0. 77 （- 0. 64）	- 0. 55 （- 0. 54）	- 3. 71 *** （- 5. 96）	- 3. 58 *** （- 5. 84）

注：***、**、* 分别表示 1%、5%、10% 水平上显著，括号中为 t 统计量。

观察流出人口的控制变量，和流入人口模型中控制变量系数几乎一致，此处不再赘述。

（三）门限模型结论

本章通过门限模型，对现实数据进行了检验，分析了流出人口和流入人口对我国东中西部三个地区经济发展的不同影响，并得出以下结论：

流出人口和流入人口对各地经济的影响效果不同，经济发达程度越低的地区，流入人口对当地经济的支持作用越明显。流入人口显著地拉动了中西部地区经济，但未对东部经济形成有效支撑。东部迁入人口对当地经济起到了负面作用，人口迁入超出十万人门限值，流入人口对东部地区经济抑制作用削弱，其原因可能是随着流入人口规模增加，其人才质量的匹配概率得到提升，进而减少了流入人口的负向作用。从该结果可以看出东部人口趋近饱和，城市拥挤效应以及人才的质量需求使得东部对流入人口的要求增加，而现实情况表明，流入人口对东部经济造成的负面影响多于正面影响。和流入人口情况不同，流出人口对东中西部地区均形成了负面影响，结果较单一，未形成明显分层，但值得注意的是，东部流出人口对经济的抑制作用明显大于西部地区。

劳动力转移利差、各地房价、教育投入以及城镇化水平的完善对东中西三部地区均起到了显著积极的作用。值得注意的是，各地流动利差以及房价对东部地区经济的拉动作用明显高于中西部地区，而教育投入和城镇化水平对中西部地区经济拉动作用要高于东部地区。流动人口对性别结构未能匹配东部地区的劳动力市场，匹配质量下降对当地经济起到了抑制作用；中西部地区的匹配程度得到提高，经济得到提升。产业结构合理化程度以及人口抚养比的增加对三地区均起到了一定的抑制作用。

三、本章小结

本章分为两个部分，第一部分构建了不同地区人才流动的理论分析，主要考察了在资本投入对称和不对称情况下两地区和多地区间劳动力流动，区域政府应该如何选择劳动力税以及相应的福利分析。第二部分通过门限模型分析了我国流入人口和流出人口对东中西三部地区实际影响情况，认为流入人口和流出人口对我国东部和中西部地区形成明显的差异影响，并就差异情况给出了解释分析。

第七章　研究结论、政策建议与展望

一、结论与政策建议

（一）主要结论

人口是经济中最基础、最活跃的生产要素，人口发展是决定和制约产业布局和资源配置的基本依据。性别结构作为人口要素的重要组成部分应给予足够的重视。随着中国性别失衡现象日益显现，该问题逐渐成为影响中国经济发展、社会制度以及公共政策实施效果的重要问题之一。在中国人口年龄结构老龄化，流动人口规模迅速扩大的背景下，中国性别结构问题是否影响了中国产业结构调整是目前管理当局和学术界重点关注的问题。基于此背景，本书从流动人口与分地区分行业劳动力市场中性别差异的事实出发，在对已有的相关研究梳理、归纳、借鉴和批判的基础上，一方面利用城市模型对劳动力市场不同性别影响产业发展的渠道进行机制构建和理论分析；另一方面从 ZMW 的角度对劳动力流动造成的区域人才竞争机制和产业调整进行理论分析，并利用空间杜宾模型、门限模型对理论结果进行实证检验。最后基于前述结果分析流动人口对地区间性别结构变动、产业结构升级差异的内在原因。本书研究主要得出以下几点结论：

第一，关于中国流动人口问题。流动人口规模与日俱增是改革开放与发展社会主义市场经济体制的重要特征之一。近十年来中国流动人口增长明显，且迁移范围扩大，乡城流动最为活跃。流动范围主要集中于北上广深以及东南沿海地带，其流动人口规模占全国省际流动人口的 2/3。但近年来，流动人口有往中西部回迁趋势。流动人口对中国城市化发展水平、各地区性别结构以及产业结构调整起到了重要的影响作用。迁入迁出人口总量密集的地区多集中于城市化率大幅提升的区域。其次，较之流动人口迁移具有明显的集聚特征，中国流动人口性别构成也具有明显的东西差异，存在胡焕庸线的特征，胡焕庸线以西，流动人口中男性占比较高；胡焕庸线以东，男性占比较低。不同性别的流动人口，对于迁移目的地的选择具有东西分离的空间集聚特征。流动人口通过迁入和迁出两个口径对各地区各行业劳动力市场性别比例产生动态影响。本书还从统计性质对流动人口和产业结构变化关系进行了分析，产业结构升级依赖经济集聚，伴随着资源配置效率和空间集聚程度的不断提升，中国产业结构实现了从工业时代向后工业时代迈进。与此同时，各地区产业结构变化存在明显差异，流动人口成为加速该差异的催化剂。

第二，流动人口对劳动力市场的影响存在明显的行业差异。通过构建静态、动态以及空间杜宾模型，实证检验流动人口对各地区各行业劳动力市场性别结构的影响程度。回归结果表明，流动人口的影响作用明显高于出生人口和死亡人口对各地区劳动力市场结构的影响，且流动人口对行业的选择具有明显的性别特征，流动人口促进了第一产业、第二产业以及交通运输业、住宿餐饮业中男性占比的增加，也促进了大部分第三产业女性就业的增加。同时从回归的控制变量结果也可看出，工资成为大多数行业劳动力市场供求的风向标，工资变动成为流动人口迁移的主要动力。但值得注意的是，不同行业工资的升高对两性劳动力释放了不同信号，其中制造业、交通运输业、住宿餐饮业以及信息技术服务业的工资升高，更能促使男性劳动力供给增加；而在金融业和房地产业中，工资升高将提高女性劳动力供给。通过进一步检验发现，地区城镇化水平、产业结构的成熟度以及人口抚养比等经济环境因素对男女性劳动力的影响，短期并不显著，但长远具有明显的调节作用。考虑了空间因素后，可以发现经济环境指标的产业特征明显，城镇化水平提高对提高本地区女性劳动力占比的促进作用要显著于对男性的引致作用。而产业完善程度的提高会降低第一、第二产业的男性劳动力占比，增加金融业中男性劳动力供给。人口抚养比增加，促使男性流动人口向第二产业集聚。进而说明经济环境对男女性劳动力的差异也导致了不同行业的劳动力市场性别结构的平衡水平。

第三，流动人口对各地区经济的影响存在地区和行业的性别差异。随着流动人口的增加，第一、第二产业中男性占比升高，而在批发零售业、技术服务业、金融业、房地产业等第三产业中，流动人口增加，男性劳动力占比下降。但通过进一步静态、动态以及空间模型检验发现，在第一、第二产业中，男性占比升高有助于提高当地经济，第三产业中增加男性占比对地区经济并不能起到支撑作用，甚至还会起到消极作用，中国现阶段流动人口对大部分行业起到了有效的支撑；但在交通运输业与住宿餐饮业等服务业中，由于流动人口造成劳动力组成变动，未能形成有效供给。同时从回归的控制变量结果也可看出，各地区固定资本投入、人均工资以及人口规模都对当地经济起到了显著的支持作用，同时也发现行业如工业和传统服务业存在行业资本配置不足，劳动力冗余，生产效率低下的问题。此外考虑了空间因素后，迁入迁出人口指标不再是对经济单纯的支持或抑制的结果，而是呈现出动态特征，人口的流动不仅影响迁入地，还会影响迁出地的人才储备，部分行业（采矿业、电力等供应业以及金融业）存在人才抢夺的现象，随着人口迁入，经济总效应呈现负向作用。而制造业、电力业、建筑业以及第三产业中随着人口迁入数量上升，总效应对总体经济起到拉动作用。人口迁出方面类似，在第一产业和采矿业中，人口迁出数量上升，总效应为正，说明这些行业中存在拥挤状况，考虑空间影响后，劳动力迁出对地区经济起到了积极的作用。

第四，首先关于劳动力转移，地区间的劳动力转移利差是驱使劳动力转移的根本因素，但由于产业环境的不同，产业背景不同的地区对劳动力转移应制定不同的劳动力流动政策。资本较多的区域拥有制定较低壁垒税的优势来吸引劳动力流入；而资本较少的区域则选择较高的壁垒税对本地居民福利更有利。在中国各地区中，具有相似产业背景的地区，人口较少的地区可以降低劳动力准入门槛来获得更高的福利。当一地区的资本实力在地区中处于遥遥领先的地位，人才数量的压力并不会降低本地区的竞争力，反而会成为人口红利，有利于总体福利的提升。其次，流动人口对不同地区的影响存在差异。经济发达的地区，流入人口和流出人口存在门限效应，流动人口对东部经济起到了负面作用；而经济发展程度越低的地区，流入人口对当地经济的支持作用越明显，如流入人口对西部地区经济的支持作用高于中部地区。最后，除了劳动力转移利差，各地房价水平、教育投入以及城镇化水平的完善程度都能大幅提高地区的经济发展。但值得注意的是，各地流动利差以及房价对东部地区经济的拉动作用明显高于中西部地区，而教育投入和城镇化水平对中西部地区经济拉动作用要高于东部地区。

（二）政策建议

党的二十大报告明确指出，我们要坚持以推动高质量发展为主题，把实施扩大内需战略同深化供给侧结构性改革有机结合起来，增强国内大循环内生动力和可靠性，提升国际循环质量和水平，加快建设现代化经济体系。"深化供给侧结构性改革，实施区域协调发展"是建设现代化经济体系的必经之路，其目的是促进产业结构优化升级，促进我国产业发展，提升全球价值链地位。改革开放以来，随着政策和资源优势的倾斜，我国东中西部地区逐渐出现明显的资源禀赋差异。在这样的时代背景下，人口流动越来越活跃，流动人口规模逐年递增，而流动人口对流入和流出地都产生了深远影响。劳动力市场的匹配程度决定了行业经济的发展效率，随着户籍制度的改革，流动人口限制放宽，流动人口对劳动力市场的影响越来越明显，流动人口成为影响经济不平衡发展的重要因素。同时，自 20 世纪 90 年代以来，我国性别结构逐渐偏离正常性别比，劳动人口的转移使得各地区性别结构进一步失衡，从而影响劳动力市场的匹配质量，进而影响地区间的产业发展。本书的研究结论对于中国深化供给侧结构性改革，实施区域协调发展具有重要的启示，主要有以下五个方面：

第一，合理调整产业布局，有序推动产业结构优化升级。随着"人口老龄化""民工荒"等焦点问题频现，中国的人口红利时代逐渐远去。劳动力用工成本逐年上升，我国传统制造业已不再具有廉价劳动力的成本优势，中国面临着劳动密集型的传统制造业转型升级的问题。一是就我国现阶段各地区产业的不均衡发展来看，改革开放政策福利的逐步深化使得东中西三部地区形成明显的产业梯度，应进一步提升东部地区产业结构升级，推进社会分工细化和产业间协同创新；二是政府应加大中西部开发力度，扩大中西部地区生产性服务需求，增加对中西部地区的政策倾斜和财政支持；三是着力发展中西部地区实体经济，培育先进制造业集群，优化存量资源配置，扩大优质增量供给，多点布局均衡发展，做好承接东部产业转移的基础工作；四是中西部地区应结合现有资源配置制定经济分工，分担产业总体布局的承接业务，建立制造业集群，并以集群为中心发展物流、信息、电网等基础设施辐射网络，形成城市功能群，实现产业特色化升级，提升终端完成质量。逐步缩小东中西三部的经济差距，合理引导流动人口的不平衡转移。

第二，合理引导人口流动，提升劳动力市场匹配质量。一是依据各地区产业背景合理制定相关人才吸引政策，缓解人才东部集聚态势，转变中西部、东北部人才流失局面；二是把当地性别结构和产业结构纳入政策制定考量之中，统筹人口数量、素质以及分布等问题，实现人口与经济、社会、资源、环境以及产业结构之间的良性互动，增强人力资本、人才结构、人才质量、人才匹配程度对产业结构升级的支撑力度；三是支持户籍制度改革，因地制宜制定符合当地资源配置的引入人才政策，提升教育投入，完善五险一金等公共服务水平；四是在就业公平的前提下，维护女性劳动力合法权益，防止区域性别失衡问题影响扩大，同时照顾产业的性别特征，提升劳动力匹配程度，提高行业生产效率。五是以人口发展规划为核心，对存在人才抢夺或拥挤的行业应配合本地区和周边地区优势产业制定吸引人才战略，做好总体区域统筹，减少资源浪费；最后，合理提高城镇化水平，逐步推进城乡一体化和产城融合发展。

第三，缓解区域性别失衡，慎重调整人口政策。随着第一、第二产业人口红利逐渐消失，劳动力市场中的匹配程度在经济发展中的作用日渐明显。首先，对于劳动生产效率存在明显差异的男女二元劳动力，应给予不同的政策引导，且应配合当地区域的性别失衡程度，制定相应科学、高效的评估机制措施及合理疏导政策，减少其对经济和社会的负面影响。同时提升劳动力市场的匹配质量，引导人口、资源与环境的优化重组，建立性别均衡的和谐社会。此外，也应大力加大教育支持力度，努力培养高素质人才，提高我国人力资本水平，促进科技创新发展。其次，对于人口调整政策应慎重进行，随着二孩政策全面放开，针对各地区生育率不增反降的现象，一方面应加大社会服务、环境保护等方面的公共支出，为居民工作生活提供良好的外部环境，为居民创业提供宽松公平的市场环境；另一方面也应审慎制定人口调整政策，防止二孩政策缓解人口老龄化问题后又造成性别失衡严重新难题，保障新增人口促进经济的平稳发展。

第四，推动城镇化增速提质，促进区域协调发展。实现中西部崛起东部产业转移，政策资源向中西部倾斜的大背景下，应进一步加大各地区的城镇化发展水平，建立更加有效的区域协调发展机制。一是应拉大城市框架，优化空间功能布局，形成核心增长区域。实施中心城市带动周边发展战略，形成交通一体、产融结合、绿色共享的动态发展战略区域。二是健全农村社会公共保障体系，实现农业现代化，完善农业支持保护制度，增强城乡规划的引导和调控作用，实现城镇化逐步提高，居民生活质量稳步提升。

第五，培育贸易新业态，成功实现国际对接。应根据东中西部产业布局，寻找各地区产业优势，拓展对外贸易途径，培育竞争新优势。东部应进一步加大创新驱动力度，引导企业创新发展，提升企业生产效率，创造在国际合作中新的比较优势。中西部地区在做好产业承接基础上，应根据地区优势资源培育核心产业，拓展对外贸易，提升全球价值链地位。

二、问题与展望

本书从人口流动与地区性别结构的关系出发，分析了性别结构对产业发展的影响。对于分析劳动力跨区域流动以及产业结构转型升级之间的关系提供了新的解释，对促进中国区域均衡发展也具有重要意义。本书从理论机制和实证角度论证了"人口流动－性别结构变动－产业结构变动"的逻辑链条，并对三者之间的影响机制进行了深入的分析与实证。然而，本书对三者之间相互影响机制的解释深度仍显不足，在样本选择和空间矩阵的设定上还有待细化和深化。在今后的研究中，有待进一步加强对理论机制的提炼，并从市县层面进一步加强检验，在空间效应的分析中，可以尝试构建真实反映地区间劳动力流动状态的空间矩阵作进一步的检验。

附　　录

定理 1 的证明：

对式（6-4）做全微分，可得：

$$- pk_i f''(k_i) \frac{\partial k_i}{\partial L_i} \mathrm{d}L_i - \mathrm{d}\gamma_i = f''\left(\frac{\bar{k} - s \times k_i}{1 - s}\right) \times \left(\frac{s}{1 - s}\right)\left(\frac{\bar{k} - s \times k_i}{1 - s}\right)\frac{\partial k_i}{\partial L_i} \mathrm{d}L_i - \mathrm{d}\gamma_j$$

$$(a)$$

其中，$i \neq j = 1,2$。

由于只考虑 i 地区劳动力税的影响，所以 γ_j 的边际影响为 0，即 $\mathrm{d}\gamma_j = 0$。从式（6-2）、式（a）和人均资本生产函数的单调递增并且严格凹的假设可得：

$$\frac{\partial L_i}{\partial \gamma_i} = \frac{1 - s}{\left[-(1 - s)pk_i f''(k_i) - sf''(k_j)k_j \right]\left(-\dfrac{K}{L_i^2}\right)} < 0 \qquad (b)$$

定理 2 的证明：

由式（b）同理可得 j 区域的劳动力税对该区域劳动力数量的影响：

$$\frac{\partial L_j}{\partial \gamma_j} = \frac{s}{\left[-(1 - s)pk_i f''(k_i) - sf''(k_j)k_j \right]\left(-\dfrac{K}{L_j^2}\right)} < 0 \qquad (c)$$

式（b）和式（c）联立可以得出两区域劳动力对于劳动力税变动的反应程度的比较：

$$\frac{\dfrac{\partial L_i}{\partial \gamma_i}}{\dfrac{\partial L_j}{\partial \gamma_j}} = \frac{s}{1 - s} > 1 \qquad (d)$$

定理 3 的证明：

对式（6-5）最优化社会福利函数进行一阶微分，得到如下等式：

$$\frac{\partial W_i}{\partial \gamma_i} = pf'(k_i)L_i \frac{\partial k_i}{\partial L_i}\frac{\partial L_i}{\partial \gamma_i} + pf(k_i)\frac{\partial L_i}{\partial \gamma_i} + L_i^* - L_i - \gamma_i \times \frac{\partial L_i}{\partial \gamma_i} = 0 \qquad (e)$$

联立式（b）和式（e）可得：

$$\gamma_i = p[f(k_i) - f'(k_i)k_i] + \frac{[-(1-s)pk_if''(k_i) - sf''(k_j)k_j]\left(-\dfrac{K}{L_i^2}\right)}{1-s}(L_i^* - L_i) \qquad (f)$$

因此，得到政府应设置的最优劳动力税，由于模型对称，所以两地区产品相对价格为 1，从式（f）可以得出两个区域设置最优劳动力税的纳什均衡：

$$L_i^* = L_j^* = \frac{\bar{L}}{2} \qquad (g)$$

$$k_i^* = k_j^* = \frac{\bar{k}}{2} \qquad (h)$$

$$\gamma_i = \left[f\left(\frac{\bar{k}}{2}\right) - f'\left(\frac{\bar{k}}{2}\right)\left(\frac{\bar{k}}{2}\right)\right]$$

$$+ \frac{[-(1-s)pk_if''(k_i) - sf''(k_j)k_j]\left(-\dfrac{K}{L_i^2}\right)}{1-s}\left(\frac{\bar{L}}{2} - L_i\right) \qquad (i)$$

$$\gamma_j = \left[f\left(\frac{\bar{k}}{2}\right) - f'\left(\frac{\bar{k}}{2}\right)\left(\frac{\bar{k}}{2}\right)\right]$$

$$+ \frac{[-(1-s)pk_if''(k_i) - sf''(k_j)k_j]\left(-\dfrac{K}{L_j^2}\right)}{s}\left(\frac{\bar{L}}{2} - L_j\right) \qquad (j)$$

定理 4 的证明：

与资本对称情况相似，证明步骤类同，但需要注意是关于两地区资本禀赋的参数设置不同。

$$- pk_i f''(k_i) \frac{\partial k_i}{\partial L_i} dL_i - d\gamma_i = f''\left(\frac{\overline{k} - s \times k_i}{1 - s}\right) \times \left(\frac{s}{1 - s}\right)\left(\frac{\overline{k} - s \times k_i}{1 - s}\right)\frac{\partial k_i}{\partial L_i} dL_i - d\gamma_j$$

由于只考虑 i 地区劳动力税的影响，所以 γ_j 的边际影响为 0，即 $d\gamma_j = 0$。从式（6-3）、式（a）和人均资本生产函数的单调递增并且严格凹的假设可得：

$$\frac{\partial L_i}{\partial \gamma_i} = \frac{1 - s}{\left[-(1 - s)pk_i f''(k_i) - sf''(k_j)k_j\right]\left(-\dfrac{K_i}{L_i^2}\right)} < 0 \qquad (k)$$

同理可得 j 区域的劳动力税对该区域劳动力数量的影响：

$$\frac{\partial L_j}{\partial \gamma_j} = \frac{s}{\left[-(1 - s)pk_i f''(k_i) - sf''(k_j)k_j\right]\left(-\dfrac{K_j}{L_j^2}\right)} < 0 \qquad (l)$$

式（k）和式（l）联立可以得出两区域劳动力对于劳动力税变动的反应程度的比较：

$$\frac{\dfrac{\partial L_i}{\partial \gamma_i}}{\dfrac{\partial L_j}{\partial \gamma_j}} = \frac{s}{1 - s}\frac{K_j}{K_i} \qquad (m)$$

定理 5 的证明：

对式（6-5）最优化社会福利函数进行一阶微分，得到如下等式：

$$\frac{\partial W_i}{\gamma_i} = pf'(k_i)L_i \frac{\partial k_i}{\partial L_i}\frac{\partial L_i}{\partial \gamma_i} + pf(k_i)\frac{\partial L_i}{\partial \gamma_i} + L_i^* - L_i - \gamma_i \times \frac{\partial L_i}{\partial \gamma_i} = 0$$

联立式（k）、式（e）可得：

$$\gamma_i = p[f(k_i) - f'(k_i)k_i] + \frac{\left[-(1 - s)pk_i f''(k_i) - sf''(k_j)k_j\right]\left(-\dfrac{K_i}{L_i^2}\right)}{1 - s}(L_i^* - L_i)$$

$$(n)$$

同理可得 j 区域的劳动力税。

$$\gamma_j = p[f(k_j) - f'(k_j)k_j] + \frac{[-(1-s)pk_if''(k_i) - sf''(k_j)k_j]\left(-\frac{K_j}{L_i^2}\right)}{s}(L_i^* - L_i)$$

$$(\text{o})$$

定理 6 的证明：

对式（6-9）求 γ_i 的一阶导 $,i = 1,2,3$，可以得到：

$$\frac{\partial L_1}{\partial \gamma_1} = \frac{-(1-2s)}{sk_3 \times f''(k_3)\frac{\partial k_1}{\partial L_1} + (1-2s)p_1k_1 \times f''(k_1)\frac{\partial k_1}{\partial L_1}}$$

$$= \frac{-1}{p_2k_2 \times f''(k_2)\frac{\partial k_1}{\partial L_1} + p_1k_1 \times f''(k_1)\frac{\partial k_1}{\partial L_1}} \quad (\text{p}-1)$$

$$\frac{\partial L_2}{\partial \gamma_2} = \frac{-(1-2s)}{sk_3 \times f''(k_3)\frac{\partial k_2}{\partial L_2} + (1-2s)p_2k_2 \times f''(k_2)\frac{\partial k_2}{\partial L_2}}$$

$$= \frac{-1}{p_2k_2 \times f''(k_2)\frac{\partial k_2}{\partial L_2} + p_1k_1 \times f''(k_1)\frac{\partial k_2}{\partial L_2}} \quad (\text{p}-2)$$

$$\frac{\partial L_3}{\partial \gamma_3} = \frac{-s}{sk_3 \times f''(k_3)\frac{\partial k_3}{\partial L_3} + (1-2s)p_2k_2 \times f''(k_2)\frac{\partial k_3}{\partial L_3}}$$

$$= \frac{-s}{sk_3 \times f''(k_3)\frac{\partial k_3}{\partial L_3} + (1-2s)p_1k_1 \times f''(k_1)\frac{\partial k_3}{\partial L_3}} \quad (\text{p}-3)$$

根据式（p-1）～式（p-3）可得到如下关系：

$$\frac{\frac{\partial l_3}{\partial \gamma_3}}{\frac{\partial l_1}{\partial \gamma_1}} = \frac{s}{1-2s} \times \frac{K_1}{K_3} \times \frac{L_3^2}{L_1^2} = \frac{1-2s}{s} \times \frac{K_1}{K_3} \quad (\text{q})$$

参考文献

［1］蔡昉．人口转变、人口红利与刘易斯转折点［J］．经济研究，2010（4）：4－13．

［2］蔡兴，刘子兰．人口因素与东亚贸易顺差——基于人口年龄结构、预期寿命和性别比率等人口因素的实证研究［J］．中国软科学，2013（9）：48－59．

［3］陈钊，陆铭．首位城市该多大？——国家规模、全球化和城市化的影响［J］．学术月刊，2014，46（5）：5－16．

［4］陈桢．产业结构与就业结构关系失衡的实证分析［J］．山西财经大学学报，2007（10）：32－37．

［5］程大中，陈福炯．中国服务业相对密集度及对其劳动生产率的影响［J］．管理世界，2005（2）：77－84．

［6］邓智团，但涛波．论中国农村剩余劳动力转移与区域产业结构演变［J］．中国农村经济，2005（8）：30－36．

［7］干春晖，郑若谷．改革开放以来产业结构演进与生产率增长研究——对中国1978—2007年"结构红利假说"的检验［J］．中国工业经济，2009（2）：55－65．

［8］方行明，韩晓娜．劳动力供求形势转折之下的就业结构与产业结构调整［J］．人口学刊，2013（2）：60－70．

［9］黄荣清．1980年代以来北京市城市化过程中人口分布的变化［J］．人口研究，2005（5）：19－26．

［10］葛玉好，曾湘泉．市场歧视对城镇地区性别工资差距的影响［J］．经济研究［J］．2011（6）：45－56．

［11］郭凯明，颜色．劳动力市场性别不平等与反歧视政策研究［J］．经济研究，2015，50（7）：42－56.

［12］金智，宋顺林，阳雪．女性董事在公司投资中的角色［J］．会计研究，2015（5）：80－86.

［13］吉昱华，蔡跃洲，杨克泉．中国城市集聚效益实证分析［J］．管理世界，2004（3）：67－74，94.

［14］姜泽华，白艳．产业结构升级的内涵与影响因素分析［J］．当代经济研究，2006（10）：53－56.

［15］江霈，冷静．劳动力流动替代资本流动的辨析与展望［J］．财经科学，2008（12）：105－113.

［16］金培，吕铁，邓洲．中国工业结构转型升级：进展、问题与趋势［J］．中国工业经济，2011（2）：5－15.

［17］金智，宋顺，林阳雪．女性董事在公司投资中的角色［J］．会计研究，2015（5）.

［18］库兹涅茨．各国的经济增长［M］．常勋等译．北京：商务印书馆，1999.

［19］李静，马丽娟，李丹．中国金融集聚的区域产业结构升级效应分析［J］．宁夏大学学报（人文社会科学版），2014（4）：125－132.

［20］李小荣，刘行．CEO vs CFO：性别与股价崩盘风险［J］．世界经济，2012（12）：102－129.

［21］李扬，殷剑峰．中国高储蓄率问题探究——基于1992—2003年中国资金流量表的分析［J］．经济研究，2007（6）：14－26.

［22］梁向东，殷允杰．对中国产业结构变化之就业效应的分析［J］．生产力研究，2005（9）：169－171.

［23］刘斌，李磊．贸易开放与性别工资差距［J］．经济学（季刊），2012（2）：429－460.

［24］刘鹏程，李磊，王小洁．企业家精神的性别差异——基于创业动机视角的研究［J］．管理世界，2013（8）：126－135.

［25］罗斯托．经济成长的阶段［M］．北京：商务印书馆，1962.

［26］马红旗，陈仲常．我国省际流动人口的特征——基于全国第六次人

口普查数据 [J]. 人口研究, 2012, 36 (6): 87 - 99.

[27] 马小红, 段成荣, 郭静. 四类流动人口的比较研究 [J]. 中国人口科学, 2014 (5): 36 - 46.

[28] 孟阳, 李树茁. 性别失衡背景下农村大龄未婚男性的社会排斥——一个分析框架 [J]. 探索与争鸣, 2017 (4): 81 - 88.

[29] 孟阳, 李树茁. 改革开放 40 年: 中国人口性别失衡治理的成就与挑战 [J]. 西安交通大学学报 (社会科学版), 2018, 38 (6): 63 - 73.

[30] 孟向京. 中国人口分布合理性评价 [J]. 人口研究, 2008 (5): 40 - 47.

[31] 钱纳里, 塞尔奎因. 发展的型式: 1950—1970 [M]. 北京: 经济科学出版社, 1986.

[32] 卿石松. 职位晋升中的性别歧视 [J]. 管理世界, 2011 (11): 28 - 38.

[33] 孙晶, 李涵硕. 金融集聚与产业结构升级——来自 2003—2007 年省际经济数据的实证分析 [J]. 经济学家, 2012 (3): 80 - 86.

[34] 宋晓丽, 张玉. 对外贸易对城市人口规模的影响——基于我国百个地级市的系统 GMM 研究 [J]. 国际商务, 2016 (2): 39 - 48.

[35] 唐根年, 徐维祥. 中国高技术产业成长的时空演变特征及其空间布局研究 [J]. 经济地理, 2004 (5): 604 - 608.

[36] 田巍, 姚洋, 余淼杰, 周弈. 人口结构与国际贸易 [J]. 经济研究, 2013 (11): 87 - 99.

[37] 佟家栋, 李胜旗. 基于海运视角下的国际贸易与城市化发展 [J]. 世界经济与政治论坛, 2014 (4): 103 - 117.

[38] 徐维祥, 唐根年, 陈秀君. 产业集群与工业化、城镇化互动发展模式研究 [J]. 经济地理, 2005 (6): 868 - 872.

[39] 谢建国, 张炳男. 人口结构变化与经常项目收支调整: 一个基于跨国面板数据的研究 [J]. 世界经济, 2013 (9): 3 - 24.

[40] 谢莉娟, 吴中宝. 刘易斯转折点、要素价格均等化与产业升级——基于中国劳动力跨地区转移的阐释 [J]. 财经科学, 2009 (8): 89 - 94.

[41] 於嘉, 谢宇. 生育对中国女性工资率的影响 [J]. 人口研究, 2014

（1）：18－29.

[42] 颜咏华，郭志仪. 中国人口流动迁移对城市化进程影响的实证分析 [J]. 中国人口·资源与环境，2015，25（10）：103－110.

[43] 杨静，王重鸣. 女性创业型领导对员工变革承诺与创新工作绩效的影响机制：多水平分析 [J]. 第八届（2013）中国管理学年会——组织行为与人力资源管理分会场论文集，2013.

[44] 杨继军，马野青. 中国的高储蓄率与外贸失衡：基于人口因素的视角 [J]. 国际贸易问题，2011（12）：148－157.

[45] 王美艳. 城市劳动力市场上的就业机会与工资差异 [J]. 中国社会科学，2005（5）：36－46.

[46] 王清，周泽将. 女性高管与 R&D 投入：中国的经验证据 [J]. 管理世界，2015（3）：178－179.

[47] 王仁言. 人口年龄结构、贸易差额与中国汇率政策的调整 [J]. 世界经济 2003（9）：3－9，80.

[48] 王泽填，石理恒. 经济集聚与服务业的发展 [J]. 城市发展研究，2010（8）：51－56.

[49] 肖绽芳. 人口因素、比较优势与贸易差额关系研究 [J]. 对外经贸，2011（9）：10－11.

[50] 谢露露. 产业结构调整、劳动力跨区域流动和集聚效应 [J]. 上海经济研究，2013（1）：99－106，141.

[51] 张传敬. 人口结构变化对经济的影响：最新研究进展 [J]. 东岳论丛，2013，34（4）：171－175.

[52] 张车伟，蔡翼飞. 人口与经济分布匹配视角下的中国区域均衡发展 [J]. 人口研究，2013（6）：3－16.

[53] 张文武. 集聚与扩散：异质性劳动力和多样化贸易成本的空间经济效应 [J]. 财经研究，2012（7）：14－25.

[54] 张勋，刘晓光，樊纲. 农业劳动力转移与家户储蓄率上升（Doctoral disertation）[J]. 经济研究，2014（4）：130－142.

[55] 周兵，徐爱东. 产业结构与就业结构之间的机制构建——基于中国产业结构与就业结构之间关系的实证 [J]. 软科学，2008，22（7）：84－87.

[56] 周昌林, 魏建良. 流动人口对城市产业结构升级影响的实证研究: 以宁波市为例 [J]. 社会, 2007 (4): 94-106, 207.

[57] 周振华. 现代经济增长中的结构效应 [M]. 上海: 上海三联书店, 上海人民出版社, 1996.

[58] 朱丽江. 城市人口规模增长机理: 出口开放视角——基于长三角城市的面板分析 [J]. 财经科学, 2013 (9): 83-91.

[59] 朱云成, 陈浩光. 试论人口分布与经济发展的关系 [J]. 人口与经济, 1983 (1): 27-31.

[60] 曾明星, 吴瑞君, 张善余. 中国人口再分布新形势及其社会经济效应研究——基于"六普"数据的分析 [J]. 人口学刊, 2013 (5): 27-36.

[61] Acemoglu D., Autor D., H. Lyle D. Women, war, and wages: The effect of female labor supply on the wage structure at midcentury [J]. Journal of political Economy, 2004, 112 (3): 497-551.

[62] Adams R., B. Ferreira D. Women in the Boardroom and Their Impact on Governance and Performance [J]. Journal of Financial Economics, 2009, 94 (2).

[63] Angrist J. How do sex ratios affect marriage and labor markets? Evidence from America's second generation [J]. The Quarterly Journal of Economics, 2002, 117 (3): 997-1038.

[64] Akamatsu K. "Waga kuni keizai hatten no shuku gooben shoohoo" (The synthetic principles of the economic development of our country) [J]. in Shoogyoo keizai ron (Theory of commerce and economics), 1932: 179-220.

[65] Au C. and Henderson J., V. How migration restrictions limit agglomeration and productivity in china [J]. Journal of Development Economics, 2006, 80 (2): 350-388.

[66] Arrow, Kenneth. Models of job discrimination [J]. in Anthony H. Pascal, ed., Racial Discrimination in Economic Life, 1972: 187-204.

[67] Aydemir A., George B. Cross-Country Variation in the Impact of International Migration: Canada, Mexico, and the United States [J]. Journal of the European Economic Association, 2007 (5): 663-708.

［68］ Bardhan P. K. On life and death questions ［J］. Economic and Political Weekly, 1974: 1293 – 1304.

［69］ Baumgardner J. The Division of Labor, Local Markets, and Worker Organization ［J］. Journal of Political Economy, 1988, 96: 509 – 527.

［70］ Benabou R. Workings of a City: Location, Education, and Production ［J］. Quarterly Journal of Economics, 1993, 108: 619 – 652.

［71］ Beck M. E. , Horan, P. M. and Tolbert C. M. Stratification in a Dual Economy: A Sectoral Model of Earnings Determination ［J］. American Sociological Review, 1978, 43: 704.

［72］ Becker G. , S. Altruism in the Family and Selfishness in the Market Place ［J］. Economica, 1981, 48 (189): 1 – 15.

［73］ Becker G. S. The economics of discrimination ［M］. University of Chicago press, 2010.

［74］ Berliant M. Labor Differentiation and Agglomeration in General Equilibrium ［J］. International Regional Science Review, 2014, 37 (1): 36 – 65.

［75］ Berry A. , Soligo R. Some Welfare Aspects of International Migration ［J］. Journal of Political Economy, 1969, 77 (5): 778 – 794.

［76］ Bertrand M. , Hallock K. F. The gender gap in top corporate jobs ［J］. ILR Review, 2001, 55 (1): 3 – 21.

［77］ Bhagwati N. , Hamada K. The Brain Drain, International Integration of Markets for Professionals and Unemployment: A Theoretical Analysis ［J］. Journal of Development Economics, 1974, 1 (1): 19 – 42.

［78］ Bhaskar V. Sex selection and gender balance ［J］. American Economic Journal: Microeconomics, 2011, 3 (1): 214 – 244.

［79］ Borjas G. J. Self – Selection and the Earnings of Immigrants ［J］. American Economic Review, 1987 (9): 531 – 553.

［80］ Borjas G. J. Immigrants in the U. S. Labor Market: 1940 – 80 ［J］. American Economic Review, 1991 (81): 287 – 291.

［81］ Borjas G. J. The Economics of Immigration ［J］. Journal of Economic Literature, 1994, 32 (4): 1667 – 1717.

[82] Borjas G. J. The Labor Demand Curve is Downward Sloping: Reexamining the Impact of Immigration on the Labor Market [J]. NBER Working Papers, National Bureau of Economic Research, Inc, 2003: 9755.

[83] Borjas G. J. , Bernt, B. Who Leaves? The Outmigration of the Foreign – Born [J]. The Review of Economics and Statistics, 1996, 78 (1): 165 – 176.

[84] Brown C. C. , Oates W. E. Assistance to the Poor in a Federal System [J]. Journal of Public Economics, 1987, 32 (4): 307 – 337.

[85] Black S. E. , Juhn C. The rise of female professionals: Are women responding to skill demand? [J]. American Economic Review, 2000, 90 (2).

[86] Blau F. D. Pay Differentials and Differences in the Distribution of Employment of Male and Female Office workers [D]. Ph. D. dissertation, Harvard University, 1975.

[87] Blau F. and Jusenius C. Economists' Approaches to Sex Segregation in the Labor Market: An Appraisal [J]. Signs, 1976, 1 (3): 181 – 199.

[88] Blau F. D. , Kahn L. M. Rising Wage Inequality and the US Gender Gap [J]. The American Economic Review, 1994, 84 (2): 23 – 28.

[89] Blau F. D. , Kahn L. M. Gender Differences in Pay [J]. Journal of Economic Perspectives, 2000, 14 (4).

[90] Bluestone, Barry, Stevenson, Mary Huff and Murphy, Willian Michael. Low wages and the working poor [J]. Institute of Labor and Industrial Relations. University of Michigan—Wayne State University, Ann Arbor, 1973.

[91] Baumol W. J. Macroeconomics of unbalanced growth: The anatomy of urban crisis [J]. The American economic review, 1967: 415 – 426.

[92] Brainerd E. The lasting effect of sex ratio imbalance on marriage and family: Evidence from World War II in Russia [J]. Review of Economics and Statistics, 2017, 99 (2): 229 – 242.

[93] Bridges W. P. Industry Marginality and Female Employment: A New Appraisal [J]. American Sociological Review, 1980, 45 (1).

[94] Cameron L. , Meng X. and Zhang D. China's Sex Ratio and Crime: Behavioural Change or Financial Necessity? [J]. The Economic Journal, 2016.

[95] Campbell R. , B. John Graunt, John Arbuthnott, and the human sex ratio [J]. Human Biology, 2001, 73 (4): 605 –610.

[96] Chiappori P. A. , Fortin B. and Lacroix G. Marriage market, divorce legislation, and household labor supply [J]. Journal of political Economy, 2002, 110 (1): 37 –72.

[97] Clark C. G. The Conditions of Economic Progress [M]. London: Macmillan, 1940.

[98] Coale J. Excess Demale Mortality and the Balance of the Sexes in the Population: An Estimate of the Number of "Missing Females" [J]. The Population and Development Review, 1991: 517 –523.

[99] Dass N. , Kini O. , Nanda, V. Board expertise: Do directors from related industries help bridge the information gap? [J]. The Review of Financial Studies, 2013, 27 (5).

[100] Davies E. Women on Boards an Independent Review into Women on Boards [J]. London: Department for Business Innovation and Skills BIS, 2011.

[101] Du Q. Y. , Wei S. J. A sexually unbalanced model of current account imbalances [J]. National Bureau of Economic Research, 2010: 16000.

[102] Duranton G. , Puga D. Diversity and specialisation in cities: Why, where and when does it matter? [J]. Urban Studies, 2000, 37 (3): 533 –555.

[103] Duranton G. , Puga D. Micro – foundations of urban agglomeration economies [J]. In Henderson, J. , V. and Thisse, J. , F. eds. , Handbook of Regional and Urban Economics, 2004, 4 (48): 2063 –2117.

[104] Edgeworth F. Equal Pay to Men and Women for Equal Work [J]. The Economic Journal, 1922, 32 (128), 431 –457.

[105] Fisher R. A. The genetical theory of natural selection: A complete variorum edition [M]. Oxford University Press, 1999.

[106] Edlund L. Son preference, sex ratios, and marriage patterns [J]. Journal of Political Economy, 1999, 107 (6): 1275 –1304.

[107] Edlund L. , Li H. , Yi J. , Zhang J. Sex ratios and crime: Evidence from China [J]. Review of Economics and Statistics, 2013, 95 (5): 1520 –1534.

[108] Egger P. , Radulescu D. M. The Influence of Labour Taxes on the Migration of Skilled Workers [J]. World Economy, 2009, 32: 1365 – 1379.

[109] Ellison G. , Glaeser E. L. and Kerr W. R. What causes industry agglomeration? Evidence from coagglomeration patterns [J]. American Economic Review, 2010, 100 (3): 1195 – 1213.

[110] Fernández R. , Fogli A. , Olivetti C. Marrying your mom: Preference Transmission and Women's Labor and Education Choices [J]. National Bureau of Economic Research, 2002.

[111] Fernández R. , Fogli A. , Olivetti C. Mothers and sons: Preference formation and female labor force dynamics [J]. The Quarterly Journal of Economics, 2004, 119 (4): 1249 – 1299.

[112] Flanders D. P. , Anderson, P. E. Sex Discrimination in Employment: Theory and Practice [J]. Industrial and Labor Relations Review, 1973, 26: 938 – 955.

[113] Fu M. , I. Geographical distance and technological spillover effects: A spatial econometric explanation of technological and economic agglomeration phenomena [J]. China Economic Quarterly, 2009, 8 (8): 1549 – 1566.

[114] Goldin C. The changing economic role of women: A quantitative approach [J]. The Journal of Interdisciplinary History, 1983, 13 (4): 707 – 733.

[115] Goldin C. Monitoring costs and occupational segregation by sex: A historical analysis [J]. Journal of Labor Economics, 1986, 4 (1): 1 – 27.

[116] Goldin C. The meaning of college in the lives of American women: The past one – hundred years [J]. National Bureau of Economic Research, 1992: 4099.

[117] Goldin C. and Katz L. F. The power of the pill: Oral contraceptives and women's career and marriage decisions [J]. Journal of political Economy, 2002, 110 (4): 730 – 770.

[118] Goldin C. A grand gender convergence: Its last chapter [J]. American Economic Review, 2004, 104 (4): 1091 – 1119.

[119] Gordon, Nancy M. and Morton, Thomas E. A Low Mobility Model of

Wage Discrimination—with Special Reference to Sex Differentials [J]. Journal of Economic Theory, 1974 (7).

[120] Gramlich E. M. , Laren D. S. Migration and Income Redistribution Responsibilities [J]. Journal of Human Resources, 1984, 19 (9): 489 –511.

[121] Green C. P. , Homroy S. Female directors, board committees and firm performance [J]. European Economic Review, 2018 (102).

[122] Gregory S. I. , Main B. , G. , M. O'Reilly C. A. Appointments, pay and performance in UK boardrooms by gender [J]. The Economic Journal, 2014, 124 (574).

[123] Gronau, Reuben. Wage Comparisons—a Selectivity Bias [J]. Journal of Political Economy, 1974, 82 (6): 1119 –1143.

[124] Haque N. U. , Se – Jik K. Human Capital Flight: Impact of Migration on Income and Growth [J]. International Monetary Fund Staff Papers, 1995, 42 (3): 577 –607.

[125] Hesketh T. and Xing Z. W. Abnormal sex ratios in human populations: Causes and consequences [J]. Proceedings of the National Academy of Sciences, 2006, 103 (36): 13271 –13275.

[126] Higgs D. Review of the role and effectiveness of non – executive directors [J]. London: Stationery Office, 2003: 1 –120.

[127] Hutchinson E. P. Immigrants and their children, 1850 – 1950 [M]. Russell and Russell Publishers, 1976.

[128] Imbert C. , Seror M. , Zhang Y. , Zylberberg Y. Internal Migration and Firm Growth: Evidence from China [J]. American Economic Review, 112 (6): 1885 –1914.

[129] Jacoby H. G. Productivity of Men and Women and the Sexual Division of Labor in Peasant Agriculture of the Peruvian Sierra [J]. Journal of Development Economics, 1991, 37 (1 –2).

[130] Johnson H. Some Economic Aspects of the Brain Drain [J]. Pakistan Development Review 1967, 7 (3): 379 –411.

[131] Katz, Lawrence F. and Kevin M. Murphy. Changes in Relative Wages,

1963 – 87: Supply and Demand Factors [J]. Mimeo, Harvard University, University of Chicago and NBER (April), 1990.

[132] Kim S. Heterogeneity of Labor Markets and City Size in an Open Spatial Economy [J]. Regional Science and Urban Economics, 1991, 21: 109 – 26.

[133] Kolko J. Urbanization, agglomeration, and coagglomeration of service industries. In Agglomeration economics [J]. University of Chicago Press, 2010: 151 – 180.

[134] Krugman P. Increasing Returns, Monopolistic Competition, and International Trade [J]. Journal of International Economics, 1979, 9: 469 – 479.

[135] Lewis W. A. Economic development with unlimited supplies of labour [J]. The Manchester School, 1954, 22 (2): 139 – 191.

[136] Li Q. Migrants blamed for crime wave [R]. China Daily, 2001, 5: 13271 – 13275.

[137] Li X. , Chan M. L. , Spencer G. , Yang W. Does the Marriage Market Sex Ratio Affect Parental Sex Selection? Evidence from the Chinese Census [J]. Journal of Population Economics, 2016, 29 (4): 1063 – 1082.

[138] Luo P. The Other Gender Gap [J]. National Bureau of Economic Research, 2017.

[139] Masika R. , Fontana M. , Joekes S. P. Global trade expansion and liberalisation: Gender issues and impacts [J]. Bridge, 1998.

[140] Mancke, Richard. Lower Pay for Women: A Case of Economic Discrimination [J]. Industrial Relations, 1971, 10: 316 – 326.

[141] McCulloch R. , Yellen L. Factor Mobility, Regional Development, and the Distribution of Income [J]. Journal of Political Economy 1977, 85 (1): 79 – 96.

[142] McLure C. , E. , Jr. Tax Competition: Is What's Good for the Private Goose Good for the Public Gander? [J]. National Tax Journal, 1986, 39 (9): 341 – 8.

[143] Melitz, Marc J. and Ottaviano, Gianmarco I. P. Market Size, Trade, and Productivity [J]. The Review of Economic Studies, 2008, 75 (1):

295 – 316.

[144] Michaels G. , Rauch F. and Redding S. J. Urbanization and structural transformation [J]. The Quarterly Journal of Economics, 2012, 127 (2): 535 – 586.

[145] Miyagiwa K. Scale Economies in Education and the Brain Drain Problem [J]. International Economic Review, 1991, 32 (3): 743 – 759.

[146] Musgrave R. A. Economics of Fiscal Federalism [J]. Nebraska Journal of Economics and Business, 1971, 10: 3 – 13.

[147] Mundell R. International Trade and Factor Mobility [J]. American Economic Review, 1957, 47 (6): 321 – 335.

[148] Sandell S. Male – Female Salary Differences among Scientists with Ph. D. 's [D]. Ph. D. Dissertation, University of Minnesota, 1973.

[149] Oates W. E. Fiscal Federalism [M]. New York: Harcourt Brace Jovanovich, 1972.

[150] Oates W. E. An Economist's Perspective on Fiscal Federalism [M]. The Political Economy of Fiscal Federalism, Lexington, MA: D. C. Heath, 1977: 3 – 20.

[151] Oaxaca R. Male – female wage differentials in urban labor markets [J]. International economic review, 1973: 693 – 709.

[152] Ottaviano G. , Peri, Giovanni. Cities and cultures [J]. Journal of Urban Economics, 2005, 58 (2): 304 – 337.

[153] Pauly M. V. Income Redistribution as a Local Public Good [J]. Journal of Public Economics, 1973 (2): 35 – 58.

[154] Peterson P. E. , Rom M. C. The Case for a National Welfare Standard [J]. Brookings Review, 1988, 6 (11): 24 – 32.

[155] Phelps E. The Statistical Theory of Racism and Sexism [J]. The American Economic Review, 1972, 62 (4): 659 – 661.

[156] Qian N. Missing women and the price of tea in China: The effect of sex – specific earnings on sex imbalance [J]. The Quarterly Journal of Economics, 2008, 123 (3): 1251 – 1285.

[157] Rivera R. Evaluating the Effects of Taxing the Remittances of Skilled Workers on Capital Accumulation and Aggregate Income Using an Overlapping Generations Model [J]. Journal of Economics and Economic Education Research, 2013, 14 (3): 1 – 19.

[158] Rosenthal S. S. and Strange W. C. Geography, industrial organization, and agglomeration [J]. Review of Economics and Statistics, 2003, 85 (2): 377 – 393.

[159] Samuelson, Paul A. Economics of Sex: A Discussion [M]. Economic Problems of Women—the Joint Economic Committee, U. S. Congress, 1973: 61 – 64.

[160] Schoen R. Measuring the tightness of a marriage squeeze [J]. Demography, 1983, 20 (1): 61 – 78.

[161] Snyder D. , Hudis P. Occupational Income and the Effects of Minority Competition and Segregation [J]. American Sociological Review, 1976, 41: 209 – 234.

[162] Stigler G. J. The Tenable Range of Functions of Local Government [J]. Joint Economic Committee, Federal Expenditure Policy for Economic Growth and Stability, Washington, DC: U. S. Government Printing Office, 1957 (11): 213 – 224.

[163] Tombe T. , Zhu X. Trade, migration and productivity: A quantitative analysis of China [D]. Manuscript, University of Toronto, 2015.

[164] Tullao T. , John P. R. The Impact of Temporary Labor Migration on the Demand for Education: Implications on the Human Resource Development in the Philippines [DB/OL]. East Asian Development, Network, 2008.

[165] Tyree A. and Donato K. The sex composition of legal immigrants to the United States [J]. Sociology and Social Research, 1985, 69 (4): 577 – 584.

[166] Villemez W. J. and Touhey J. C. A Measure of Individual Differences in Sex Stereotyping and Sex Discrimination: The "Macho" Scale [J]. Psychological Reports, 1977, 41 (2): 411 – 415.

[167] Warren R. , Ellen P. K. The Elusive Exodus: Emigration from the

United States [J]. Population Trends and Public Policy, 1985 (3): 8 – 17.

[168] Warren R. , Jennifer M. P. Foreign – Born Emigration from the United States: 1960 – 1970 [J]. Demography, 1980, 17 (2): 71 – 84.

[169] Wei S. J. and Zhang X. The Sexual Foundations of Economic Growth: Evidence from China [R]. Cambridge: National Bureau of Economic Research, 2009: 1 – 38.

[170] Wei S. J. , Zhang X. The Competitive Saving Motive: Evidence from Rising Sex Ratios and Savings Rates in China [J]. Journal of Political Economy, 2012, 119 (3): 511 – 564.

[171] Wei S. J. and Zhang X. Sex ratios, entrepreneurship, and economic growth in the People's Republic of China [J]. National Bureau of Economic Research, 2011: 16800.

[172] Wildasin D. E. Income Redistribution in a Common Labor Market [J]. The American Economic Review, 1991 (9): 757 – 772.

[173] Wildasin D. E. Labor – Market Integration, Investment in Risky Human Capital, and Fiscal Competition [J]. The American Economic Review, 2000, 90 (1): 79 – 95.

[174] Wilson J. D. A Theory of Interregional Tax Competition [J]. Journal of Urban Economics, 1986, 19: 296 – 315.

[175] Zenou Y. Urban Labor Economics [M]. Cambridge: Cambridge University Press, 2009.

[176] Zodrow G. R. , Mieszkowski P. Pigou, Tiebout, Property Taxation, and the Under – provision of Local Public Goods [J]. Journal of Urban Economics, 1986 (19): 356 – 370.